KB053870

위에서부터

• 동료교수들과 함께. 1976년

• 오카 마사하루 추모 모임 후. 2004년7월19일

• 자료관 설립 10주년 기념강연 주최자 인사. 2005년10월2일

위에서부터

• 양심적 병역거부 독일 청년 야넥 소개. 2007년2월18일

• 중국 난징에서 추도집회. 2009년8월15일

• 모토시마 히토시 전 나가사키 시장의 구순 축하연에서. 2012년2월10일

위에서부터

• 올리버 스톤 감독과 함께. 2013년8월

• 서승 씨를 자료관에서 맞이하며. 2015년10월

위에서부터

• 난징에서 국가공식추념식. 2015년12월

• 생전 마지막 나가사키 원폭 조선인 희생자 추도 조조집회. 2016년8월9일

흔들림 없는 역사 인식

일러두기

1. 일본과 중국의 지명·인명 등 고유명사는 외래어표기법에 따라 표기한다.

2. 원자폭탄에 피폭된 사람을 일컫는 '피폭자(被爆者)'는 문맥에 따라 한국에서 널리 사용되는 '원폭 피해자'로 바꾸어 번역한 경우도 있다.

3. 본서는 『ゆるぎない歴史認識を＿高實康稔さん追悼集』(特定非営利活動法人岡ま さはる記念長崎平和資料館發行, 2018)을 원서로 하되, 원서에는 수록되지 않은 저 자의 원고 몇 편을 추가로 수록한다. 추가된 원고는 '오카 마사하루 기념관 나가사키 평화자료관'의 회보인 『니시자카통신(西坂だより)』에 기고한 권두언에서 가져왔다.

4. '韓国·朝鮮人'은 원문 표기대로 '한국·조선인'으로 번역한다. 이는 대체로 한국인 과 북한인뿐 아니라, 재일동포를 염두에 두고 사용된 용어다. 분단 이전의 강제 연행 과 원폭 피해 등이 있었던 당시의 한반도 출신자는 모두 '조선인'이었으나, 해방 후 한반도의 분단에 의해 재일동포 사회도 재일한국인과 재일조선인으로 분단된다. 그 러나 재일조선인을 곧 일본에 거주하는 북한인으로 규정할 수는 없다. 오히려 자신 의 뿌리를 남북한 중 하나가 아닌 분단 이전의 통일국가에 두는 적극적인 가치 지향 과 정체성이 담긴 용어로 해석할 수 있다. '한국·조선인'이라는 표현은 바로 한반도 뿐 아니라 재일동포사회의 이러한 복잡한 역사성을 가지고 파생된 용어로서, 단순히 '한국인·북한인', 또는 '조선인'으로 번역하기 어려우므로, 원문 그대로 '한국·조 선인'으로 표기한다. '한국·조선인'의 조선인이 북한 사람만을 가리킬 경우는 구분 하여 표기한다.

5. '日朝', '北朝鮮', '朝鮮半島'는 통상적인 한국 사회의 용어대로 북일, 북한, 한반도 로 번역하되, 저자가 국가의 정식 명칭으로서 '朝鮮民主主義人民共和国'이라고 표 기한 경우에는 '조선민주주의인민공화국'으로 번역한다. 단, [북한]이라고 병기한다.

6. 원서에서 저자가 괄호 표시한 것은 ( )로, 옮긴이 또는 편집자가 괄호 안에 설명을 넣은 것은 [ ]로 구분하였다.

흔들림 없는 역사 인식

다카자네 야스노리
유고집

전은옥 옮김

역사 인식

조선인
강제 연행·원폭
피해자의 편에 서다

삶창

한일 연대의 길을 비추어주신 다카자네 선생을 추모하며

•

서 승

우석대학교 석좌교수·동아시아평화연구소장

1587년 기독교 포교 금지령을 발표한 도요토미 히데요시(豊臣秀吉)는 1596년 10월 교토와 오사카 일대에서 외국인 6명을 포함한 24명을 체포했다. 이들은 나가사키로 압송되었는데 도중에 2명을 더 붙잡아 총 26명이 니시자카(西坂)의 언덕에서 처형되었다. 이들은 1862년에 성인으로 서품되었고 100년 후인 1962년에는 순교지에 '일본26성인기념관(日本二十六聖人記念館)'과 기념비가 건립되었다.

기념관에서 비좁은 비탈길 하나를 건너면 벼랑에 달라붙은 듯, 옛 중국요리점을 개조한 특정비영리활동법인 '오카 마사하루 기념 나가사키 평화자료관'[이하, '평화자료관']이 서 있다. 오카 마사하루(1918~1994) 목사는 광신적인 일제의 군인에서 회심하여 기독교 목

4

사가 되었고, 나가사키 시의회 3선 의원을 역임하고 '나가사키 재일
조선인의 인권을 지키는 모임'을 창립하는 등 파란만장한 일생을 보
낸 분이다. 1995년에 출간된 추도 문집[『孤塁を守る戦い―追悼岡正
治』, 岡まさはる追悼集刊行委員会]에서 다카자네 야스노리 이사장은
다음과 같이 말하고 있다.

"이유 없는 차별에 괴로워하는 재일 한국·조선인이나, 방치된 외
국인 피폭자를 구제하는 일에 선생님은 스스로를 던지셨습니다. 또,
차별과 억압의 근원으로서 천황제의 본질을 간파하고 천황제와 맞
서는 투쟁에 과감하게 도전하셨습니다."

내가 처음 평화자료관에 초청된 것은 개관한 지 얼마 지나지 않
았을 때였다. 그때 다카자네 선생이 "이 조그만 자료관은 시민의 힘
으로 만들어지고 운영되며, 일본에서 유일하게 일본의 '가해' 사실
만을 전시하고 있습니다"라고 하신 것을 기억한다. 일본에는 제2차
세계대전의 역사를 전시하는 자료관이나 평화박물관, 전시관이 다
수 있다. 그 시작은 히로시마와 나가사키의 원폭 피폭을 중심으로
한 평화기념관이었다. 일본 전후의 평화주의는 원폭의 피해를 중심
으로 피해자성을 강조하는 '비핵 평화주의'에서 출발했기 때문이다.
히로시마와 나가사키의 평화기념관은 물론이고, 시민의 '고난'을 주
로 다룬 리쓰메이칸대학의 '국제평화뮤지엄'이나 '피스 오사카'도
일본 국민의 피해와 평화의 염원을 중심으로 하고 있으며, '오키나
와현 평화기념자료관'도 오키나와현민이 겪은 수난을 주로 전시하

고 있다. 그에 비해서 나가사키의 '평화자료관'은 철저히 일제의 아시아 침략이라는 가해의 사실 전시로 시종일관하고 있다.

나는 2016년 1월, 다카자네 선생이 돌아가시기 1년 전에 평화자료관을 방문하여 송기인 신부, 혜진 스님[현재 연암으로 승명 개칭], 홍성담 화백, 박갑조 신부, 김지훈 동지와 함께 전시를 보고 나서, "전적으로 일제의 가해 사실만을 다룬 나가사키 시민의 뜻을 높이 평가하지만, 일본에서 진정으로 전쟁과 일제의 범죄, 천황제의 패악에 반대하고 싸우다 희생된 분들의 사적도 함께 전시하는 편이 자료관의 취지를 더욱 살릴 수 있지 않을까요?"라는 의견을 전한 바가 있다. 그때 다카자네 선생은 사려 깊은 표정으로 "다른 분들과 의논해봐야겠네요"라고 겸허하게 말씀하셨다.

그때 벌써 병색이 완연했던 선생은 우리 일행을 몸소 안내하고 함께 식사를 하면서 군함도 견학에까지 마음을 써주셨다. 다음 날 페리를 타는 부두 근처의 길가에서 만나 몸이 불편해서 동행 못 하는 것을 아쉬워하셨다.

이 문집은 다카자네 선생의 고매한 인격, 자기희생과 헌신, 백절불굴의 정의감, 평화 의지, 동아시아 민중에 대한 깊은 애정과 죄책감에 대해서 경애와 존경의 마음을 모으고 있다. 동아시아에서는 한국의 이영훈을 비롯한 '친일파'처럼 오늘날에도 일제와 한 몸이 되어 일제의 부흥과 영광을 꿈꾸는 자들이 행세하고 있다. 그에 반하여 다카자네 선생은 참으로 일본과 동아시아의 연대, 평화의 미래를

한 점의 흔들림도 없이 제시하고 매진한 분으로서 한일 갈등이 거론
되는 지금이야말로 영원히 기억되어야 할 분이다.

소노다 나오히로 園田尚弘
●
'오카 마사하루 기념 나가사키 평화자료관' 전(前) 이사장

"그는 한 그루의 나무가 쓰러지듯이 조용히 쓰러졌다."
― 생텍쥐페리의 『어린 왕자』중에서

나가사키의 2017년은 평화운동에 있어 중요한 인물들을 여러 명
잃은 해로 기억될 것 같습니다. 우리의 존경하는 다카자네 야스노리
선생님도 그중 한 분입니다. 그의 죽음 직후에도 그러했고, 지금도
그 인품과 업적을 애석하게 생각하는 목소리가 끊이지 않고 들려옵
니다. 선생님이 많은 이들에게 사랑받고 존경받았다는 사실을 잘 알
수 있습니다.

본서는 특정비영리활동법인 '오카 마사하루 기념 나가사키 평화

자료관'(이하 '자료관' 또는 '평화자료관')의 이사장이자, 나가사키대학의 명예교수였던 고(故) 다카자네 야스노리 선생님께 바치는 책입니다. 다카자네 선생님은 2017년 4월 7일에 77세로 세상을 떠났습니다. 남겨진 평화자료관의 이사회 구성원들은 선생님의 1주기에 맞추어 추모 문집을 펴내기로 결정했습니다.

본서는 고인의 논문과 짧은 논설, 친분이 있었던 여러 사람에게서 받은 추모의 글과 회상기로 구성되어 있습니다. 다카자네 선생님의 유족을 대표하여 배우자인 다카자네 아야코 씨가 보내주신 감사의 글도 실었습니다.

다카자네 선생님은 생전에 많은 논문을 남겼고, 자료관의 회보인 『니시자카통신』에 기고한 권두언도 그 편 수가 많습니다. 본서에서는 특별히 그의 사회적인 실천 활동과 관련된 논문과 논고만을 선별하였습니다.

책의 끝부분에는 간략한 연보를 덧붙였습니다. 고인이 살아온 삶과 활동에 비하면 그 내용이 충분하다고는 할 수 없지만, 사회적인 활동을 중심으로 정리했습니다. 연보를 통해 돌아보니 선생님의 평화운동은 1970년대부터 이미 시작되었습니다. 40년 넘게 한길을 걸어온 셈입니다.

제가 알고 있는 것만 해도 오무라 수용소(大村收容所)에 수용된 한국·조선인을 위한 활동, 원폭 피해 조선인의 증언 청취, 오카 마사하루 선생님을 대표로 하는 '나가사키 재일조선인의 인권을 지키는 모임'에서의 원폭 피해 조선인 실태조사, 교육 문제에 관련된 활동, 중국인 강제 연행 재판 지원 등 어느 것 하나 소홀함 없이 끈기 있고 성실한 자세로 임했습니다. 그러했기 때문에 모든 이들의 신뢰를 받았습니다. 새삼 참으로 흔치 않은 인물이었다는 생각을 하게 됩니다.

제가 다카자네 선생님을 알게 된 것은 1973년입니다. 다카자네 선생님은 당시 나가사키대학 교양부의 교원으로 프랑스어를 담당했습니다. 저는 그해 독일어 강의를 맡아 같은 학교에서 일하게 되었습니다. 처음 연구실로 인사를 갔을 때 차분하고 멋있는 선생님이라는 인상을 받았습니다.

1990년대 학내에서 전개된 다양한 논쟁 속에서도 저는 다카자네 선생님과 의견 충돌이 없었습니다. 교양부가 해체되었을 때는 둘 다 새로 설치된 학부인 환경과학부로 옮겨, 같은 연구·교육 과정에 배속되었습니다.

대학 교원 중에는 교육은 소홀히 하면서 자신의 연구에만 힘을 쏟는 사람들이 자주 눈에 띄는데, 다카자네 선생님은 연구와 교육 어느 쪽도 소홀히 하지 않았습니다. 학생들을 위해서 친절하고 정중한 수업을 하기 위해 늘 애쓰셨습니다.

교수회가 열리는 자리에서도 조리 있고도 온화한 말투를 사용하여 자신의 의견을 분명하게 밝혔고, 자신과는 생각이 다른 의견에도 귀를 기울이셨습니다. 그러했던 까닭에, 서로의 입장이 다르고 생각하는 방식이 다른 사람에게도 존경을 받았습니다. 다카자네 선생님은 의견이 달라도 좋으니 자신의 의견을 말해달라고 하셨습니다. 아무 말 않고 있는 사람이 오히려 곤란하다고 자주 말씀하셨습니다.

대학 안에서 일하는 사람들과는 넓은 교우 관계가 있었지만, 특히 경제학부의 이와마쓰 시게토시(岩松繁俊) 나가사키대학 명예교수에게서는 평화운동과 원폭 피해의 문제에 대해 많은 영향을 받은 것으로 보입니다. 생전에 이와마쓰 선생님을 존경한다는 말을 몇 번이고 하셨습니다. 다카자네 선생님은 이와마쓰 선생님의 요청에 따라 법무성 오무라 입국자 수용소 조사에 참여했는데, 그 과정에서 '나가사키 재일조선인의 인권을 지키는 모임' 대표였던 오카 마사하루 목사님과도 만나게 되었습니다.

편집 과정에 참여하면서 많은 추모의 글을 읽었습니다. 모든 글 속에 글쓴이의 깊은 생각이 담겨 있어 읽기 시작하니 도중에 멈출 수가 없었습니다. 그 속에는 귀중한 에피소드, 처음으로 알게 된 일, 반짝반짝 빛나는 언어가 곳곳에 숨어 있습니다. 여러 번 반복하여 이 책을 읽어주신다면 더할 나위 없이 기쁠 것입니다.

제 인생의 고비, 고비마다 배려 깊은 말과 친절한 행동으로 도움을 주셨던 다카자네 야스노리 선생님께 깊이 감사드립니다.

차례

)

1부 / 역사윤리를 묻다

2부 / 나가사키 평화자료관에서

3부 / 추모의 글 ― 다카자네 야스노리를 사랑한 사람들

4부 / 부록

1부

역사윤리를 묻다

저자가 생전에 발표한 다수의 논문 가운데 일생의 작업이었던 조선인·중국인 강제 연행, 원폭 피해, 전후 보상 문제를 중심으로 5편을 싣는다. 또 시사주간지 『슈칸긴요비(週刊金曜日)』에 기고한 '군함도'에 관한 담화, 2016년 나가사키 원폭 조선인 희생자 추도 조조집회에서 발표한 추도사도 함께 싣는다. 논문에 따라서는 잡지 등에 발표하기 이전의 원문을 사용한 경우도 있다.

식민지 지배 · 강제 연행과
조선인 원폭 피해자

시작하며

본래 원폭 피폭자(原爆被爆者)는 일본인에만 국한되지 않는다. 히로시마(広島)와 나가사키(長崎)에서 피폭된 사람 중 약 10%는 조선인이었다는 사실이 민간의 숱한 조사를 통해 밝혀진 바 있다. 일본 국민이 이러한 사실을 충분히 인지하지 못하는 현실도 문제이지만, 더 큰 문제는 바로 조선인 원폭 피해자가 일본의 조선 침략에 따른 희생자라는 역사 인식의 부족이다. 즉 조선의 식민지 지배와 강제 연행 정책의 결과로서 다수의 조선인이 원폭에 피폭되었다는 인과 관계를 먼저 깊게 인식할 필요가 있다. 일본인 피폭자의 참화(慘禍)도 이루 말할 수 없지만, 일본인 피폭자의 증언은 전부 '그날(원자폭

탄이 투하된 날)'부터 시작되는 반면, 조선인 피폭자는 반드시 히로시마나 나가사키에 오게 된 '또 다른 그날'부터 이야기를 시작한다는 점에 주목하면, 그 원통하기 짝이 없는 인과관계의 중대성을 헤아릴 수 있을 것이다. 1981년부터 본격적으로 나가사키 조선인 피폭자의 실태조사를 했던 '나가사키 재일조선인의 인권을 지키는 모임(長崎在日朝鮮人の人権を守る会)'(이하 '인권을 지키는 모임')의 대표 고(故) 오카 마사하루(岡正治) 씨는 "(일본인과 조선인의) 물리적인 피해는 똑같았을지라도, 조선인의 피폭은 (일본인의 그것과) 질적인 차원에서 다르다"고 지적한 바 있다. 여기서 "질적인 차이"란 "일본인 피폭자는 침략전쟁을 자행한 국가의 국민이라는 입장을 비껴갈 수 없지만, 조선인 피폭자는 아무런 전쟁책임도 없는데 원폭 지옥에까지 내던져진 완전한 피해자다"라는 오카 씨의 말 속에 단적으로 표현되어 있다. 따라서 '인권을 지키는 모임'의 실태조사 보고서『원폭과 조선인(原爆と朝鮮人)』제1~7집도 원폭 피해의 참상에 관한 조사이기에 앞서, 강제 연행을 비롯해 조선인이 일본으로 오게 된 도일(渡日) 배경에 필연적으로 중점을 두며 결론을 도출했다.

그러나 일본 정부나 해당 지자체인 히로시마현(県)과 히로시마시(市), 나가사키현과 나가사키시 모두 조선인 피폭자의 실태조사를 본격적으로 실시한 적이 없다. 일본인 피폭자와의 '질적인 차이'를 감안하면, 역사적 측면에서도 인도적인 측면에서도 무책임하기 이를 데 없으며, 이는 민족 차별의 결과라 해도 과언이 아니다. 원폭 피폭자 원호(援護) 정책에서도 오랜 세월에 걸쳐 재외 피폭자(在外被爆者)를 배제해온 역사와 현상을 볼 때 이 점은 더욱 분명해진다. 재외 피폭자의 최대 다수가 남북한의 피폭자라는 사실은 두말할 나위도 없다. 이 같은 관점에서 강제 연행을 비롯한 도일 사정의 실태를 개관하고, 한국·조선인 피폭자가 싸워온 차별 철폐의 투쟁을 되짚어본 후, 그 도달점과 앞으로 남은 과제를 제시하고자 한다.

단계적으로 강화된 강제 연행

조선인 강제 연행은 1939년의 각의(閣議) 결정 '노무 동원 실시 계획(勞務動員実施計画)' 안에 포함된 '조선인 노무자의 내지 이주에 관한 건(朝鮮人勞務者內地移住に関する件)'(같은 해 7월, 내무성·후생성 양 차관 통첩)에 따라 개시되었으나 중일전쟁의 격화로 인해 노동력 부족에 빠진 산업계가 강력하게 요청했다는 점도 간과해서는 안 된다. 일본인 청년을 대량으로 전장에 보내는 한편, 그로 인한 결손을 보충하기 위해 국가권력과 기업이 결탁해 조선인 청년을 강제 연행하고 탄광, 광산, 철강, 조선, 토목, 건설, 군사 등의 시설에서 강제 노동을 시킨 것이다. 일본으로의 도항 제한을 폐지하면서 개시한 강제 연행이었는데, 그 형태는 '모집', '관 알선', '국민징용'의 3단계를 밟으며 강화되었다.

1. 도항 제한 정책 시기의 도일

재일조선인의 증가를 실업문제의 원인으로 규정한 부당한 정책 때문에 1925년 이후 조선인의 일본 도항은 엄격하게 제한되었다. 그럼에도 불구하고 도항자는 매년 증가했고 대다수는 농민이었다. 1910년대의 '(조선) 토지조사사업'에 의해 토지를 빼앗기고, 1920년 대의 '산미증산계획'에 의해 더 심하게 토지와 쌀을 수탈당한 농민은 극도의 빈곤에 빠졌고, 살기 위해 잇달아 고향을 떠나 일본이나 중국 동북부, 시베리아 지방으로 이주했다. 그러나 막상 일본에 와 보니 '내선일체'나 '황국신민'과는 모순되게 조선인에게는 이동의 자유도 없었고 '도항증명서'까지 요구받았다. 이 증명서는 주재소에 여러 번 찾아가 부탁해도 손에 넣기 쉽지 않았다. 또 일본 정부는 일 본으로의 도항을 억압하기 위해 주로 위만주국(僞滿州国)이나 중국 동북부 간도(間島) 지방으로 이주시키는 정책을 강력하게 밀어붙였 고, 이로 인해 여러 비참한 사건을 초래한 사실을 잊어서는 안 된다.

2. '모집'이라는 이름의 강제 연행

1939년 7월부터 시행된 '모집'은 감언일 뿐, 결코 정당한 행위 가 아니었다. '계약'이라는 형태는 취했지만 계약은 지켜지지 않았 다. 대체로 사기죄나 유괴죄가 성립하는 불법행위였다는 것을 다수 의 증언이 증명한다. 또 기업의 모집인은 장소를 불문하고 자유롭게

'모집'한 것이 아니다. '모집' 희망 인원을 후생성에 신청하여 허가를 받으면 할당된 지역에 한정하여 '모집'이 이루어졌다. "일본에 가면 놀면서 밥도 배불리 먹을 수 있다"는 감언과 사기는 생활고에 허덕이던 농촌에서 당초 절대적인 효력을 발휘했으나, 가혹한 노동 현장과 열악한 생활환경, 그에 더하여 일상화된 폭력적 지배 상황이 알려지면서 '모집'에 응하는 사람도 점차 감소했다. '모집' 인원을 채우지 못하면 관헌이 개입하여 대상자를 압박하는 방식으로 일을 진행한 것도 악질적이라 할 수 있다.

3. '관 알선'에 의한 강제 연행

1942년이 되자 '모집'은 완전히 교착상태에 빠졌다. 그리하여 2월부터 시작된 새로운 단계가 '관 알선'이다. 면사무소가 경찰과 결탁해 직접 지명하여 조선 청년들에게 일본에서의 노동을 강요한 정책이다. 면사무소는 당연히 가족 구성원을 전부 파악하고 있었다. 대상자는 독신 청년에만 국한되지 않았다. '알선'은 사실상 명령을 의미하며, 실체를 숨기기 위한 표현에 불과했다. 관리와 경찰관이 트럭으로 다짜고짜 연행했다는 증언이 끊이지 않았다. 이 시기의 강제 연행과 익숙지 않은 중노동, 고문, 도망 그리고 남겨진 가족의 생활고에 대한 증언이 헤아릴 수 없이 많다. 학살 사건도 적지 않았다는 사실이 증언과 연구자의 추적에 의해 밝혀지고 있다.

4. 징용에 의한 강제 연행

'관 알선'은 사실상의 명령이었고, 납치 같은 방식의 연행도 빈발하였지만 법적인 강제력은 없었다. 그런데 1944년 9월부터 최후의 수단으로서 징용령은 출두 시기와 장소를 영장으로 지정하는 방식으로 전환했다. 그러나 이 절대적 명령 방식인 징용만이 가장 가혹하며, 이 시기 이후의 징용에 대해서만 강제 연행이라고 규정하는 것은 연행의 실태를 고의적으로 축소하는 잘못에 해당한다. "징용은 빠져나갈 구멍이 있다"는 말처럼 출두를 거부하고 도주할 틈도 있었기 때문에, 징용이 가장 가혹했던 것이 아니다. 모집, 관 알선, 징용의 3단계 모두 강제 연행에 해당하며, 단계를 불문하고 '징용'이었다고 봐도 과언이 아니다.

나가사키로의 강제 연행도 그 냉혹한 실태를 증명해준다. 14세에 하시마(端島) 즉, 군함도로 연행된 서정우 씨는 '관 알선'의 시기에 농사일을 하던 중 관리와 경찰관에게 즉각 연행을 통보받고 뒤따라온 할머니와도 강제로 생이별을 당했다. 미쓰비시(三菱) 조선소로 징용 시기에 연행된 김순길 씨는 영장을 보고 외가로 피신했다. 하지만 수색에 나선 관헌에게 붙잡혀 구타를 당하고 머리도 빡빡 밀리는 굴욕을 당하며 기업으로 인계되었다. 이는 징용을 피해 도망치는 일도 결코 쉽지는 않았다는 증거다. 경찰관에게는 징용령 위반자에 대한 수색, 체포, 기소 등의 권한만 있었다. 관리가 불법한 인계 과정에 관여하는 것은 월권행위였다. 관헌의 이러한 직무 권한을 벗어난 일탈행위는 강력한 모집과 관 알선 사례에서도 현저히 눈에 띄며 이 경우는 체포, 협박, 강요 등의 범죄를 관헌 스스로 범한 것이 된다. 그러나 처벌받은 사람은 없다. 이와 같은 이상한 실태는 위법행위를 '직무'의 일환으로 생각한 무법 상태였다는 것을 의미한다.

히로시마와 나가사키에 격증한 강제 연행

조선인 강제 연행은 군대로의 징발도 있었다. 36만4000여 명 중 2만 명을 넘는 전사자를 낸 사실도 중대하지만 노동자에 관해서는 조사 연구 결과마다 상당한 차이를 보인다. 일본 정부가 공인한 72만5000명(『일본인의 해외 활동에 관한 역사적 조사 — 조선 편(日本人の海外活動に關する歷史的調査 朝鮮篇)』, 대장성관리국(大藏省管理局), 1947. 단, 이 숫자에 사할린은 포함되지 않았다)을 큰 폭으로 웃도는 126만 명이라는 추정도 있는 것으로 보아, 100만 명을 밑돌지는 않는다고 보는 게 타당할 것이다. 강제 연행의 현장은 전술한 바와 같이 다방면에 걸쳐 있었고, 북쪽으로는 사할린과 쿠릴열도, 남쪽으로는 오키나와까지 광범위했다. 사할린에서는 전후(戰後) 일본인만 본국으로 귀환했고, 많게는 4만 명(추정치)에 이르는 조선인이 방치되었다. 일본 정부와 해당 기업은 다른 지역 조선인들의 경우에도 조국으로의 송환이나 유골 반환에 매우 무책임했다.

원폭 피해자에 대해서도 마찬가지였다. 히로시마와 나가사키에서는 강제 연행의 개시와 함께 조선인 노동자가 격증했던 점에 주목할 필요가 있다. 필자가 이점에 주목한 것은 한국의 정부기관인 '대일항쟁기 강제 동원 피해 조사 및 국외 강제 동원 희생자 등 지원위원회'의 중심적인 조사 연구원인 허광무 씨의 논문 「히로시마·나가사키 조선인 원폭 피해에 대한 진상 조사 — 강제 동원된 조선인 노무자를 중심으로」(2011년)에서도 명확히 지적하고 있기 때문이다. 나가사키현 내의 조선인 인구 추이는 내무성 경보국의 통계조사표에 따라 판명되었으나, 강제 연행기의 (조선인) 증가가 6대 도시에 소재한 부현(府県)을 훨씬 넘어선다는 사실은 생각지도 못했다. 논문은 히로시마와 나가사키에 연행된 조선인의 출신지에 대해서도 상세히 추적한 귀중한 자료인데, 이 시기의 격증에 대하여 다음과 같이 기술하고 있다.

"1938년부터 1945년까지 8년간을 보면, 앞선 기간과는 상반되는 경향이 두드러진다. 전반적으로 6대 도시 소재 부현의 증가세가 부진한 가운데, 이전 시기 증가세가 부진했던 지역들의 도약이 명확하게 나타난다. 예를 들어서 증가세와 절대 수 모두 최하위에 속했던 나가사키의 경우, 7배나 되는 증가 경향을 보였으며, 마찬가지로 이전 시기 최하위권에 속해 있던 홋카이도의 경우도 8배나 증가세를 보였다. 6대 도시 소재 부현 중 최하위에 있던 가나가와현조차도 약 4배에 해당되는 인구 유입을 기록하고 있다. 히로시마도 이전 시기에 비해 3.4배로 증가세는 더욱 가속되어 6대 도시 소재 부현의 평균 증가세(1.7배)를 압도하고 있었다."

그리고 이 격증한 조선인을 부렸던 히로시마와 나가사키 원폭 피폭 지역의 주요 기업명이 열거되어 있다. 바로 미쓰비시중공업을 비롯한 군수산업체이며, 군수산업이야말로 조선인의 강제 연행과 원폭 피해를 강요한 원흉이라는 점을 여실히 보여준다.

차별받고 배제된 한국·조선인 원폭 피해자

1. 일본인 우선의 피해자 원호와 차별 철폐를 위한 싸움

'한국원폭피해자협회'의 추정에 따르면, 당시 조선인 원폭 피폭자 수는 히로시마에서 5만 명, 나가사키에서 2만 명, 1945년 말까지의 피폭으로 인한 사망자 수는 히로시마 3만 명, 나가사키 1만 명이다. 구사일생으로 생환하여 귀국한 피폭자는 2만3000명[1]이고, 일본 잔류자가 7000명이라고 추정되는데, 일본 국내에서 피폭자에 대한 원호가 개시된 후로도 본국으로 귀국한 외국인 피폭자는 지원 대상 밖으로 밀려났다. 재한 피폭자가 최대 다수를 차지하는 재외 피폭자

---

1 대한민국, 즉 한반도 남쪽으로 귀국한 피폭자만을 가리킨다. 이치바 준코(市場淳子)의 『한국의 히로시마』(역사비평사, 2003)에 따르면 북한으로 귀국한 생존자 수는 약 2000명으로 추정된다.(옮긴이 주)

들이 그 차별의 장벽을 한 걸음 한 걸음 깨뜨리기까지는 긴 세월에 걸친 고난의 역사가 있었다.

원폭 피폭자에 대한 원호는 「원자폭탄 피폭자의 의료 등에 관한 법률(原子爆弾被爆者の医療等に関する法律)」(1957년, 이하 「원폭의료법」)에 의해 개시되었고, 「원자폭탄 피폭자에 대한 특별조치에 관한 법률(原子爆弾被爆者に対する特別措置に関する法律)」(1968년, 이하 「원폭특별조치법」)에 의해 강화되었다. 후자는 건강관리 수당과 장제비 등의 제 수당에 관한 규정이다. 이 두 가지 원폭 피폭자 관련 법(이하 '원폭2법')에는 국적 단서 조항이 없음에도 불구하고 국내법으로 간주되어 재외 피폭자는 배제되었다. 평등 대우가 원칙이었지만, 20년 이상 재일 외국인 피폭자(다수가 재일 한국·조선인)에게는 '피폭자 건강수첩'(이하 '수첩') 취득 시 "증인 2명 중 한 사람은 일본인이어야 한다"는 차별을 적용했다. 이에 따라 재외 피폭자들은 차별 철폐 요구 운동을 전개했다. 그러나 일본 정부는 제소를 당해 재판에서 패소한 부분에 대해서만 시정하는 고식적인 태도로 일관했다.

히로시마에서 피폭된 손진두 씨가 피폭자 의료를 받기 위해 한국에서 일본으로 건너와 원폭2법의 적용을 요구했지만 정주자가 아니라는 이유로 거부당했고, 뜻있는 시민들의 도움을 받아 제소(1972년)했다. 그 결과 1심 판결(1974년, 후쿠오카 지방재판소)에서 최고재판소 판결(1978년)까지 모두 정주자가 아닐지라도 일본에 있는 동안은 원폭2법의 적용을 받는다며 손 씨의 손을 들어주었다. 원폭2법에는 "국가보상적 배려"가 근간에 있다는 게 판결의 이유였다. 이러한 판결 이유를 끌어낸 점에서 손진두 씨 소송의 의의는 대단히 크다.

손진두 재판의 1심 판결이 내려진 3개월 후(1974년 7월) 피고 측인 후생성은 '402호 통달'(이하, '통달')을 발표했다. 모든 피폭자는 국외에 나가면 원폭2법의 적용을 받을 권리를 '상실'한다는 것이었다. 그리하여 한일 양국 정부에 의한 '도일치료'라는 시책이 채택되었지만, 후생성 공중위생국장이 발표한 한 통의 '통달'이 장기간에 걸쳐 재외 피폭자를 배제하는 원흉이 되었다.

방일하여 수첩을 취득하더라도 귀국하면 '종이 쪼가리로 전락'하는 상황에 승복할 수 없었던 두 사람의 재한 피폭자가 차별 철폐를 요구하며 제소했다. 그렇게 해서 거의 30년이 지나서야 겨우 '통달'의 장벽을 무너뜨릴 수 있었다. 곽귀훈 씨의 오사카 고등재판소 승소 판결(2002년 12월) 및 이강녕 씨의 후쿠오카 고등재판소 승소 판결(2003년 2월) 덕분이다. "피폭자는 어디에 있어도 피폭자다"라는 판결을 얻어낸 곽귀훈 재판은 피고인 오사카부(府) 지사가 상고를 단념하면서 승소가 확정되었다. 일본 정부는 결국 '통달'을 철폐(2003년 3월)할 수밖에 없었다. 이로써 재외 피폭자에게도 「원자폭탄 피폭자에 대한 원호에 관한 법률(原子爆弾被爆者に対する援護に関する法律)」(1995년, 이하 「피폭자원호법」, 원폭2법을 일체화한 법률)이 적용되었고 해외에서도 건강관리 수당을 받을 수 있게 되었다.

그러나 수당을 받는 데도 또 하나의 장벽이 기다리고 있었다. 그것은 '방일 요건'이라는 장벽이었다. 피폭자로 인정을 받기 위해 필요한 수첩 교부 신청은 본인이 직접 일본에 와서 도도부현(都道府県)의 지사나 히로시마 시장, 나가사키 시장 중 어느 한쪽에 해야만 하는 것이었다. 수당 신청 및 갱신 신청을 할 때도 이 요건을 충족해야 했다. 따라서 신규로 수첩을 취득한 사람도, 이미 수첩을 가지고 있는 사람도 이 조건에 맞추기 위해 일본으로 직접 와야 했지만 일본에 직접 올 수 없는 피폭자도 존재했다. 1980년에 수첩을 취득하고 재일 기간 중에 건강관리 수당을 받았던 최계철 씨는 그사이에 건강이 악화되어 병상에 누워 지내는 상태가 되었다. 부득이하게 거주지인 부산에서 대리인을 통해 수당 신청을 했지만 거부당했다. 이에 나가사키 지방재판소에 제소했다. 최 씨는 1심 승소 판결(2004년 9월)을 눈앞에 두고 타계했다. 유족이 재판을 승계하였는데 2심에서도 승소(2005년 9월)했다. 피고인 일본 정부와 나가사키시가 상고를 단념함으로써 승소가 확정되었다. 2심 판결은 유족이 신청한 장제비 지급도 동시에 인정했는데, 이는 피고인 일본 정부가 장제비 지급을 '국내 사망자에 한정한다'고 하여 거절한 것을 위법하다고 판결한 것이었다.

건강관리 수당 지급은 본디 3년에서 5년의 기한 동안 연금증서를 통해 보장되며 재신청에 의해 갱신되는데, '통달'이 폐지되고도 이 연금증서의 유효기간 부활은 "과거 5년분에 한정"되었다. 지방자치법의 규정에 따라, 행정처분은 5년 시효라는 이유였다. 최계철 씨는 이 부당한 조치에 대해서도 항의하며 제소했다. 1심 판결(2005년 12월)은 국가 측의 소멸시효 주장을 법의 신의칙(信義則, 신의성실의 원칙)에 반한다고 하여 물리쳤으나, 2심 판결(2007년 1월)에서는 "소멸시효가 성립한다"고 하여 역전 패소했다. 그러나 브라질 거주 피폭자가 제소한 같은 내용의 재판에서 최고재판소가 "소멸시효의 적용은 신의칙에 반한다"고 하여 원고 승소 판결(2007년 2월)을 내렸기 때문에, 최 씨의 재판도 최고재판소에서 승소 판결(2008년 2월)을 얻어냈다. 다만, 연금증서의 갱신을 하지 않은 기간에 대한 지급 청구는 기각되었다. 위법한 '통달'이 갱신 신청을 방해했다는 사실을 감안하면 이 기각도 신의칙 위반이라 하겠다.

최고재판소는 히로시마 미쓰비시중공업 전 징용공 재한 피폭자가 낸 소송에 대한 판결(2007년 11월)에서 강제 연행, 강제 노동의 손해에 대해서는 배상 청구를 기각했으나, '통달'이 가져온 손해는 인정하여 위자료 120만 엔의 국가배상을 명령했다. 그러나 후생노동성은 재외 피폭자(30여 개국에 약 5000명 정도)에게 직접 지급하는 것을 거절하고, 개별 재판에 의한 화해 해결 방식을 취했기 때문에, 이후 개개인의 위자료 청구소송이 제기되었고 생존자 및 그 유족과의 화해가 순차적으로 진행되고 있다.

수당 지급의 재외 신청을 인정한 일본 정부는 수첩 교부 신청에 대해서는 계속하여 '방일 요건'을 부과했다. '통달' 때문에 수첩이 아무 쓸모없다고 생각해 취득하지 않았던 재외 피폭자는 수당을 받으려면 고령의 몸으로 일본에 직접 와서 신청을 하는 것 외에는 방법이 없었다. 그러나 당연히 방일이 불가능한 사람도 있었다. 한국의 히로시마로 불리는 합천에 거주하는 정남수 씨는 늘 자리를 보전하고 있는 상태여서, 방일 요건의 철폐를 청구하며 제소했다. 정 씨의 제소 및 오사카 지방재판소에서 진행되는 같은 재판을 계기로 국회도 결국 '방일 요건'을 철폐하는 데 움직이기 시작했고, 1심 판결이 나오기 전에 「피폭자원호법」이 개정(2008년 6월)되었다. 수첩의 교부 신청도 재외공관에서 가능하게 된 것이다. 단, 개정법은 반년 뒤에나 시행되어 그 사이에 원고가 승소한 1심 판결(2008년 11월)이 내려졌는데, 피고인 나가사키현 지사는 이에 항소했다. 한편 오사카부지사는 1심 판결에 패하여 항소를 단념했기 때문에 나가사키현 지사도 항소를 취소할 수밖에 없게 되었다.

2. 아직 남은 차별과 재판 투쟁의 현황

재외 피폭자가 각종 수당을 받을 수 있게 되었지만, 의료비만큼은 전액 지급이 아니라 상한액(연간 17만6000엔, 2013년 현재)이 있었다. 이 금액은 일본 국내 피폭자에게 지급되는 의료비의 평균이라 한다. 고령으로 큰 금액의 의료비를 필요로 하는 피해자가 많은 것은 국내외에 공통되는 현실이므로 이는 명백한 차별이다. 또다시 재판 패소에 따라 시정을 요구받기 전에 즉각 평등하게 실시해야 한다. 또한 '통달' 때문에 수첩 취득을 단념했던 피폭자가 다수 존재하고(2013

년 현재 한국에서는 최소 100명을 넘는다고 한다), 이제는 시간이 너무 경과하여 증인을 대기도 힘든 이들의 수첩 취득에 관해서는 일본 정부가 편의를 도모해야 한다. 하지만 일본 정부는 오랜 세월 동안의 배제 정책에 대한 책임을 지기는커녕, 두 사람의 증인이나 명확한 증거자료 제출을 요구하며 수첩 교부를 거절하고 있다. 의료비 재판과 함께 이 수첩 재판도 계속해서 제기되고 있다. '한국원폭피해자협회'에 입회한 지 오래되었고 피폭 증언 내용도 일관된 장영준 씨는 "증인이나 증거자료가 없지만 피폭자로 인정된다"는 승소 판결(나가사키 지방재판소, 2012년 9월)을 받았지만, 피고인 나가사키시장이 항소했다. 피폭 도시 나가사키조차 피폭자 원호의 사명보다 차별과 배제의 국책에 가담한 것이다. 조금도 부끄러워하지 않는 모습이다.

그러나 이어 김승남 씨 재판에서도 원고 승소 판결(나가사키 지방재판소, 2013년 7월)이 내려지자 나가사키시는 항소를 단념했다. 김승남 씨는 생후 8개월 때 피폭되어 본인에게는 기억이 없지만 폭심지에 가까운 위치에서 출생한 것을 증명하는 호적이 있었고, 양친이 타계하기 전에 다른 자녀들에게 들려준 피폭 상황에 "부자연스러운 부분이 없다"고 하여 승소한 것이다. 항소 단념에 따라 증인주의 일변도를 따르지 않는 피폭자 판정에 물꼬가 트였다고 기대되지만 예단하기는 이르다.

이에 덧붙여, 매우 중대한 문제점이 하나 더 남아 있다. 앞서 기술한 처우 개선을 위한 시책에도 불구하고 조선민주주의인민공화국[북한]에 거주하는 피폭자에게는 아무런 대책이 없다는 점이다. 이 나라의 피폭자는 약 2000명이었는데, 2010년 현재 약 400명까지 줄었다고 한다. 수첩이나 수당의 재외 신청이 가능해져도, "국교가 성립되어 있지 않다"는 이유로 이들을 내버려두는 것은 「피폭자원호법」을 정부 스스로 위반하는 행위일 뿐 아니라, 해당 국가를 적대시하는 정책의 증표라 하지 않을 수 없다. 국교가 없는 대만의 피폭자에게는 교류협회를 통하여 「피폭자원호법」을 적용하고 있기 때문이다.

● 수록: 기무라 아키라·마에다 아키라(木村朗·前田朗) 편저, 『21세기의 글로벌 파시즘(21世紀のグローバル·ファシズム)』, 고분샤(耕文社), 2013년.

'역사윤리'의 심판

시작하며

일본의 근대사를 둘러싼 역사 인식이 문제가 된 지 오래다. 최대 논점은 식민지 지배와 침략전쟁을 어떻게 볼 것인가에 있다고 할 수 있다. 이는 크게 두 가지 입장의 대립으로 볼 수 있는데, 사실(史實) 의 검증과 교육을 중시하는 사고방식 대(對) 사실 검증에는 관심이 희박한 채 근대를 미화·정당화하는 데 중점을 둔 입장이다. 전자는 후자를 역사 왜곡이라 비판하고, 후자는 전자를 자학 사관이라 비판 한다. 이러한 대립은 역사교육에 중대한 영향을 주었다. 교과서 검 정 과정에서 전자는 점차 축소되고 후자 쪽이 증대하고 있기 때문 이다. 교과서에 따라 강도의 차이는 있으나 사실을 숨기지 않고 있는 그대로 교육함으로써 현대를 생각할 수 있게 하는 역사교육이 약화되고 있는 것은 부정할 수 없는 현실이다. 이런 흐름은 제2차 아베(安倍晋三) 정권에 의해 한층 강화되고 있다.

이와 같은 흐름을 우려하는 목소리도 점점 높아지고 있다. 그것은 역사의 은폐와 왜곡에 불쾌감을 느끼기 때문이며, 불쾌감을 느끼는 까닭은 그것이 정의의 차원보다도 윤리에 어긋나는 일이기 때문이다. 정의감은 종종 자의적이기 쉬우나 윤리감은 양심과 비슷한 것이라 자의적인 것을 용납하지 않는다. 나는 이 역사에 대한 윤리감을 '역사윤리'라 부르고 싶다. 세상에는 정치윤리나 환경윤리라는 표현은 존재하는데, 역사윤리라는 말은 존재하지 않는다. 그러나 존재하지 않는 것이 이상할 정도로 동서고금을 막론하는 보편적인 개념이라 할 수 있다. 향후 일상적인 가치 기준으로서 이 역사윤리라는 개념이 활용되기를 바란다.

역사 인식의 문제는 단순히 교육상의 문제일 뿐 아니라 정치, 사법과도 밀접한 관련이 있다. 역사의 은폐나 왜곡의 정도에도 정치와 사법이 중대한 영향을 미친다. 다시 말해, 현대 일본에서 역사 인식의 대립은 전후(戰後) 일본의 정치와 사법이 그 배경에 있다고 할 수 있다. 이 글에서는 '역사윤리'의 심판(작동, 작용)이란 어떤 것인지를 이러한 관점에서 논하고자 한다.

'역사윤리'란?

단적으로 말해, 역사윤리란 '역사에 책임을 지는 것'을 뜻한다. 따라서 역사 용어로서는 존재하지 않지만 개념으로서는 전혀 드물지 않다. 역사상 자주 볼 수 있고 국제 관계에서 많은 국가가 역사윤리의 과업을 다 해왔다. 『고지엔(広辞苑)』[일본 국어사전]에 따르면 '윤리'란 '인륜의 길, 실제 도덕의 규범이 되는 원리, 도덕'을 의미한다. 이러한 정의에 기초하면, 역사를 돌이켜볼 때 '인간의 길'에 어긋나는 행위가 없었는지를 따져보고, 만일 있다면 반성하고 사죄와 배상, 처벌 등의 과정을 통해 청산할 의무가 발생한다. 또 항상 이 '역사윤리'를 의식하며 정치와 사법에 임해야 한다는 뜻도 포함한다. 그리고 윤리학에서는 윤리의 원리를 영원불변의 것으로 보는 입장(플라톤, 칸트)과 역사적이며 발전적인 것으로 보는 입장(아리스토텔레스, 근대의 많은 윤리 사상가)이 존재하는데, 어느 쪽이든 인간 상호간 공존의 규범을 정의라고 판단하는 데는 일치한다.

일본의 근현대사와 '역사윤리'

(1) 일본 헌법의 '역사윤리'

"일본 국민은 정부의 행위로 인해 다시금 전쟁의 참화가 발생하는 일이 없도록 할 것을 결의하고", "우리는 전 세계의 국민이 동등하게 공포와 궁핍에서 벗어나 평화롭게 생존할 권리를 가진다는 것을 확인한다"고 강조한 일본의 헌법은 침략전쟁에 의한 가해와 피해의 참화에 대한 인식과 반성 위에서 평화를 희구하는 결의의 표명이다. 거기에는 '역사윤리'가 강하게 작동하고 있다.

이 헌법이 지금 존망의 위기에 직면해 있다. 자민당의 헌법 개정 초안에는 "일본국은 긴 역사와 고유의 문화를 가지며 국민 총합의 상징인 천황을 모시는 국가이며", "앞선 대전(大戰)에 의한 황폐와 수많은 대재해를 극복하고 발전하여, 이제는 국제사회에서 중요한 지위를 차지하고 있고 평화주의 아래서 여러 외국과의 우호 관계를 증진하고 세계의 평화와 번영에 공헌한다"(전문)고 기술하고 있다. 여기에는 가해의 역사를 반성하고 책임지는 자세는 조금도 보이지 않으며, '역사윤리'의 결정체인 현행 헌법의 정신을 산산조각 내려는 야망이 도사리고 있다.

(2) 고노 관방장관 담화의 '역사윤리'

일본군 '위안부' 문제는 아직도 해결되지 않았다. 일본 정부는 피해자의 비통한 외침에 귀 기울이지 않고, 유엔을 비롯한 국제사회의 숱한 권고와 결의도 구속력이 없다는 점을 방패 삼아 무시해왔기 때문이다.

그러나 고노 담화(1993년)는 "위안소는 당시 군 당국의 요청에 따

라 설치 운영된 것이며", "위안부의 모집에 대해서는 군의 요청을
받은 업자가 주로 이 일을 맡았으나 그 경우에도 감언, 강압에 의하
는 등 본인의 의사에 반하여 모집된 사례가 많이 있고", "또한 위안
소의 생활은 강제적인 상황에 놓인 참혹한 생활이었다", "몸과 마음
에 치유하기 어려운 상처를 입은 모든 분들께 진심으로 사죄와 반성
의 뜻을 전한다. 또 그러한 뜻을 국가 차원에서 어떻게 나타내야 할
것인가에 대해서는 유식자의 의견 등을 모아 금후에도 진지하게 검
토해야 한다고 생각한다", "우리는 역사 연구, 역사교육을 통해 이러
한 문제를 오래도록 기억하고, 같은 잘못을 다시는 되풀이하지 않겠
다는 굳건한 결의를 다시금 표명한다"고 말하며, 사죄와 교육과 해
결의 의향을 분명히 밝혔다.

이 담화가 '역사윤리'의 작동에 따른 것임은 분명하지만, 이 표명
에 따라 근본적인 해결을 도모한 적은 없었다. 게다가 고노 담화는
현재 재검토의 위기에 직면했다. 아베 총리는 정권에 복귀하기 전부
터, "위안부의 강제 연행을 증명하는 증거는 찾아볼 수 없다"며 뻔
뻔하게 사실을 부정하고 고노 담화의 재검토 의향을 표명했다. "종
군위안부는 필요했다"고 주장하는 하시모토 도루(橋下徹) 오사카
시장의 폭언과 함께 '역사윤리'에 어긋나는 부끄러움을 모르는 언동
에 지금 전 세계가 주목하고 있다.

(3) 무라야마 총리 담화의 '역사윤리'

전후 50주년 시점에 발표된 무라야마 총리 담화에도 '역사윤리'
의 작동이 현저하게 보이며, 특히 아시아 각국에서 높은 평가를 받
았다. "우리나라는 머지않은 과거의 한 시기 잘못된 국가정책으로
인하여 전쟁의 길로 나아갔고, 국민을 존망의 위기에 빠뜨렸으며 식
민지 지배와 침략에 의해 많은 나라들, 그중에서도 아시아 각국의
사람들에게 다대한 손해와 고통을 주었습니다. 저는 미래에 잘못하
지 않기 위하여 의심할 여지없는 이와 같은 역사의 사실을 겸허하게
받아들이고, 여기서 다시 한번 통절한 반성의 뜻을 표하며 진심으로
사죄의 마음을 표명합니다"라는 내용이다. 정확한 역사 인식에 입
각한 반성과 사죄의 표명이자 두 번 다시 같은 잘못을 저지르지 않
겠다는 결의의 표명이기도 했다.

　(그러나) 이 무라야마 담화도 새 정부에 의해 종전의 평가를 상실
할 위기에 직면했다. 왜냐하면 고노 담화와 마찬가지로 역대 내각
에 의해 답습되기는 하였으나 지금은 양자 모두 경시되고 있기 때문
이다. 무라야마 담화는 각의 결정을 거친 것이기 때문에 재검토하기
어렵다 하더라도, 아베 총리는 전후 70주년을 맞이한 시점에 새로운
총리의 담화를 발표하는 것을 중요한 정책과제로 내걸고 있다. 여기
서도 국민의 '역사윤리'가 시련을 맞이했다고 할 수 있다.

(4) '역사윤리'에 물을 끼얹는 정치와 사법

식민지 지배와 침략전쟁의 책임을 묻는 이른바 전후 보상 문제에

대하여, 일본 정부는 국가 간의 '해결'이 끝났다는 이유를 내세우며 완전히 무시했다. 하지만 '해결이 끝난 문제'라는 일본 정부의 주장은 핑계에 불과하다. 개인의 손해배상청구권은 부정할 수 없는 것이고, 국가 간에도 배상을 한 것이 아니라 한일 경제협력협정을 맺고 청구권을 방기(放棄)한 것에 불과하기 때문이다. 그럼에도 불구하고 일본 정부는 피해자의 배상 청구를 모조리 거부했다. 그런 까닭에 배상 청구는 사법의 장에서 다툴 수밖에 없었는데, 그 사법 역시 하급심에서 드물게 원고가 승소하는 일은 있어도 최고재판소에서는 전부 패소 확정을 강요받았다. 사법이 정치권력을 추종하는 소위 어용 기관이 된 전형적인 예라고 할 수 있다.

1990년대부터 한창 고조되었던 전후 보상 재판은 100건을 넘는데, 원고가 주장하는 손해의 사실을 인정받더라도 배상이 실현되지는 않았다. 일본군 '위안부'의 소송, 조선인 및 중국인 강제 연행 관련 소송, 한국인 및 대만인 BC급 전범에 대한 국가보상 등의 청구소송, 네덜란드·영국인 등 전(前) 포로 및 민간인 억류자의 손해배상 청구소송, 731부대·난징대학살 등에 관련된 손해배상청구소송, 시베리아에 억류되었던 전(前) 일본군의 사죄와 손해배상을 청구하는 소송, 한국인 전(前) 여자근로정신대의 손해배상청구소송 등 전후 보상 재판은 일일이 셀 수가 없다. 철두철미하게 '역사윤리'를 외면해온 전후 일본의 정치와 사법의 현실은 역사에 책임을 지지 않는 폭거일 뿐 아니라, 일본 국민에 있어서도 국제사회의 신뢰를 잃는 매우 불명예스러운 일이다.

'역사윤리'의 심판

(1) '오카 마사하루 기념 나가사키 평화자료관'에 전해지는
젊은 세대의 목소리

"지금까지 아무것도 몰랐던 자신이 부끄럽고 한심합니다. 죄송합
니다.", "학교에서 배우지 못한 사실을 많이 알게 되었고 충격을 받
은 동시에, 무지한 것도 부끄러운 일이라고 생각했다. 특히 위안부
문제에는 대단히 충격을 받았다. 같은 일본인이 이런 잔인한 일을
저질렀다는 사실을 우리는 올바르게 배워야 하며, 죄를 인정하는 일
이 필요하다고 느꼈다."(「관람자의 목소리(来館者の声)」,『니시자카통
신(西坂だより)』제68호)

  이러한 의견은 '오카 마사하루 기념 나가사키 평화자료관(岡ま
さはる記念長崎平和資料館)'(이하 '자료관' 또는 '평화자료관')의 설립
(1995년) 이래, 젊은 세대에서 끊이지 않고 나오고 있다. 그들은 사
실(史實)을 있는 그대로 가르쳐주길 바란다. 가해의 은폐는 부끄럽
고 불명예스러운 일이며, 사죄하고 보상을 해야 할 것은 솔직하게
인정함으로써 새로운 우호 관계로 나아가고 싶다고 절실하게 바라
고 있다. 이것이 바로 '역사윤리'의 심판이라고 할 만한 자연스러운

작동이다.

(2) 독일의 '기억 문화'

"독일과 일본은 경험에서도 알 수 있듯이 믿을 수 없는 행동을 할 가능성을 지니고 있습니다. 그러므로 우리나라는 전후(戰後)에 과거의 잘못을 철저하게 마주함으로써 과거의 부채(負債)에 대한 '기억의 문화'를 만들어왔습니다. 인간이 지닌 파괴적인 뿌리를 끊으려면 무엇보다 그것이 필요했기 때문입니다.", "한편 일본인은 자국의 문제인데도, '위안부' 문제, 난징대학살, 강제 연행 등 정말로 모르는 것인지, 모르는 척하는 것인지, 아무것도 이야기하려 하지 않습니다. (…) 인근 국가들에 고통을 느끼는 사람이 있다는 사실을 무시하려고 하는 것 같습니다.", "일본은 자국의 전쟁범죄를 인정하고, 핵의 무서움을 후세대에 전하며, 피해자에게 사죄와 보상을 해야 진정한 의미의 평화도시가 될 수 있을 것입니다."(『婦人之友』, 婦人之友社, 2010年 8月 号, 68~71쪽)

이것은 양심적 병역거부자로 자료관에서 2009년 9월부터 11개월 간 병역 대체복무를 한 독일인 청년 게오르그 프라이제 씨(당시 21세)가 일본을 떠날 무렵에 했던 강연 〈기억과 무시의 문화〉한 부분이다. 그가 일본에 와서 가장 놀란 것은 자료관을 방문하는 학생들이 자국의 식민지 지배와 침략전쟁에 관하여 너무 무지하다는 사실이었다. "역사 수업에서는 물론이고 미술, 어학, 과학 등에서조차 과거에 범한 잘못을 검증하고 반성할 기회가 주어진다"는 독일과는 완전히 다른 교육에 원인이 있다는 것을 알게 되면서 일본 젊은이들의 장래를 위해서도 '기억의 문화'로 전환해야 한다고 주장하지 않을 수 없었던 것이다.

'기억의 문화'를 통해 명예 회복을 하고자 노력한 독일과 비교할 때, '무시의 문화'를 내버려둔 채 불명예에서 벗어나지 못하는 일본의 현실은 젊은 세대에게도 불행한 일이다. 또한 프라이제 씨는 불명예를 뒤집어쓴 후세대가 명예 회복을 꾀할 책무를 피해갈 수 없다는 점도 지적하고 있다. 그 책무는 독일에서 매우 적절히 이룩된 '역사윤리'의 심판이라 해도 좋을 것이다.

맺음말

가해의 역사를 접하고 부끄러움을 느낀 젊은 세대가 확실히 존재하는 한편, 그 역사의 진실을 거역하며 '무시의 문화'를 고수하는 세력이 다양한 책략을 꾀하고 있는 것도 현실이다. 그중 가장 뻔뻔한 술책이 바로 헌법 개악이다.

제2차 아베 정권의 탄생과 함께 소리 높여 제창되었고, 국회에서 발의가 획책되고 있는 자민당의 '헌법 개정 초안'(이하 '초안')이 '역사윤리'를 거스르는 것임은 천황의 원수화를 내세우고 있다는 사실에서도 분명하다. 또한 "침략의 정의는 학계에서도 국제적으로도 정해져 있지 않다. 국가 간의 관계에서 어느 쪽 입장에서 보느냐에 따라 다르다"는 아베 총리의 국회 답변(2013년 4월 23일)이 여실하게 말해주듯이, 초안은 세계의 역사 인식을 정면으로 부정하는 입장에 서 있다. 이 발언은 같은 날 각료의 야스쿠니신사 참배를 옹호한 다른 답변 내용과 더불어 초안의 본질을 선명하게 뒷받침하고 있다.

초안의 궁극적 목적은 헌법 9조를 개정하여 자위대를 국방군으로 만들고, 헌법에서 금지한 집단적 자위권의 발동을 가능하게 만드는 데 있다 해도 과언이 아니지만, 기본적 인권이나 개인의 존엄에 대해서도 새로운 제약을 가하려 하고 있다. 예를 들어, 현행 헌법의 "공공의 복지에 반하지 않는 한"을 초안에서는 "공익과 공공의 질서에 반하지 않는 한"으로 바꾸어, 기본적인 인권과 개인의 존엄이 절대적인 권리가 아니라 "공익과 공공의 질서"라는 명분하에 제한할 수 있도록 시도하고 있다. 이 제한은 나아가 표현, 결사의 자유에도 적용된다. 이는 '공익'에서든 '공공의 질서'에서든 어떻게든 채택될 수 있는 것으로, 굳이 전전(戰前)의 「치안유지법」[2]을 떠올리지 않더라도 권력에 의해 자의적으로 적용될 위험성은 매우 높다.

헌법 개악 초안 제1장에 "천황은 일본국의 원수"라고 명시한 데

---

2 1925년에 제정되어 1945년 10월 15일에 폐지된 일본의 법률. 천황제나 사유재산제도를 부정하는 일체의 운동을 억압하고자 만든 법률로서, 공산주의운동뿐 아니라 사회주의나 노동운동 및 조선인의 독립운동을 처벌하는 데도 이용했던 법이다.(옮긴이 주)

서, 메이지유신 시기 '공무합체(公武合體)'[3]의 '공'의 의미를 떠올리게 된다. 제3장에서 종교의 자유에 관해 "국가와 그 기관은 종교 교육이나 기타 모든 종교적 활동도 해서는 안 된다"는 금지 사항에 "단, 사회적 의례 또는 관습적 행위의 범위를 넘지 않는 것에 대하여는 제한이 없다"는 단서 조항을 붙이고 있는데, 이는 명백히 호국신사나 야스쿠니신사에 대한 공식 참배를 의도한 것이기 때문이다. 천황제와 국가신도(國家神道)로 통하는 종교 활동을 '사회적 의례 또는 관습적 행위'로서 예외 취급하는 것인데, '공익 및 공공의 질서'라는 제약이 얼마나 복고주의에 근거한 것인지를 인식할 필요가 있다.

일본의 미래는 이렇게 매우 위험한 초안에 근거한 헌법 개악이 이루어지느냐 마느냐에 달려 있다. 국민 전체가 헌법 개악을 저지하지 않는 한, '역사윤리'의 심판은 끝나지 않는다는 걸 알아야 한다.

● 수록: 『증언ㅡ히로시마·나가사키의 목소리(証言ㅡヒロシマ·ナガサキの声)』 제27집, 나가사키증언회(長崎の証言の会), 2013년 10월.

3 에도시대 말기인 1858년 미·일수호통상조약 체결 후 흔들리기 시작한 막부(幕府) 체제를 천황을 중심으로 한 조정(朝廷)의 전통적 권위에 기대어 재정비하고자 한 정치운동으로서, 조정과 막부가 힘을 합쳐 외세 문제를 처리하고 막부의 재건을 도모한 운동이다. 그러나 1867년 막부가 천황에게 통치권을 반납하는 '대정봉환(大政奉還)'을 선언하여 왕정복고가 실현되고, 1868년 메이지유신과 함께 메이지 천황 시대가 열렸다.(옮긴이 주)

나가사키의 중국인 강제 연행

1. 중국인 강제 연행이란

전시 중 일본 정부는 중국의 점령지에서 젊은 중국인 남성을 일본 국내로 강제적으로 연행하고 강제 노동을 시켰다. 이는 노동력 부족을 보충할 목적으로 조선인을 강제 연행한 데 이어 취한 정책으로서, 도조(東條) 내각의 각의 결정 '화인 노무자 내지 이입에 관한 건(華人労務者内地移入に関する件)'(1942년 11월)에 따라 실시되었다. 그 배경에는 탄광, 광산, 토목, 조선, 발전소, 항운 등 군수산업계의 강력한 요청이 있었다는 사실을 간과해서는 안 된다. 인원 배정도 각 기업이 정부에 신청한 인원을 전제로 했다.[4]

---

4 '화인 노무자 내지 이입의 촉진에 관한 건' 제2(第二) 사용 조건의 내용은, "화인 노무자의 사용을 허용하는 공장 사업장은 화인 노무자의 상당수를 집단적으로 취로시키는 것을 조건으로

전국 135개 사업소에 총 약 4만 명. 패전까지 불과 1, 2년 동안 이 중 약 7000명이 사망할 정도로 노동, 생활 조건은 지극히 가혹했다. 1000만 명에 가까운 중국인이 중국 동북부(옛 만주)로 강제 연행되었는데, 일본으로의 연행은 그 못된 '경험'에 바탕을 두고 이루어졌다는 사실에도 주목할 필요가 있다.

2. 나가사키의 어디에, 언제, 몇 명이 연행되었나

나가사키현의 탄광 네 곳으로 총 1042명이 강제 연행되었다. 미쓰비시광업(三菱鉱業)의 사키토(崎戸) 탄광 436명, 다카시마(高島) 탄광 205명, 하시마(端島) 탄광 204명에, 닛테쓰광업(日鉄鉱業)의 시카마치(鹿町) 탄광 197명으로 미쓰비시광업이 연행자 수의 4분의 3을 차지한다. 이 수치의 출전은 당연히 원자료가 존재하는데, 그것은 각 사업소가 전후 외무성의 명령에 따라 제출한 「화인 노무자 취로 전말 보고서(資料中国人強制連行の記録)」('사업장 보고서'라 함)

하며, 관계청의 협력 위에 후생성이 이를 선정한다. 이입에 관한 세목 절차는 별도로 정하는 바에 따른다"(田中宏·松沢哲也, 『中国人強制連行資料—「外務省報告書」全伍分冊ほか』, 現代書館, 1995, 257쪽)이다. 또한 '화인 노무자 내지 이입 절차(人労務者内地移入の節次)'의 내용은 "제2(第二) 이입 고용 신청의 처리, 관할청(廳) 부현(府県) 후생성에서 화인 노무자의 사업주별 이입 고용 인원수의 할당 예정 통보를 받은 때는 사업주로 하여금 '화인 노무자 이입 고용원'(화인 노무자 신청서) 정부(正副) 2통(별지 양식)을 관할청 부현을 경유하여 제출하도록 한다"(위의 책, 262쪽)이다.

다. 이 '사업장 보고서'는 연합군최고사령부(GHQ)[5]의 지시에 따라 제출된 것이기도 한데, 도쿄재판(극동국제군사재판)에서 전승국 중국이 어떻게 나올지를 두려워한 일본 정부가 각 사업소에 중국인 강제 연행 문제에 대한 변명 자료가 될 만한 내용을 작성하여 제출하도록 의무화했던 것이다. 특히 노동, 생활 조건에 관한 기술에는 많은 부분의 허위 기재가 보인다. 그러나 성명, 연령, 연행 시기, 연행자 수, 사망자 수 등의 기본 데이터는 대개 정확하다고 볼 수 있다(다만, 병명과 사인, 환자 수에 관한 내용은 매우 의심스럽다).

'사업장 보고서'와는 별개로 정부는 '외무성 보고서'가 될 문건을 작성했는데, 양 보고서 모두 장기간 행방불명된 것으로 간주되어 '존재 미확인의 보고서'로 불렸다. 지금은 양 보고서가 도쿄화교 총회에 보관되어 있었다는 사실이 판명되었고, 정부도 이 보고서가 진짜임을 인정했으나(1994년 6월 22일 참의원 외무위원회 외무장관 답변), 외무성 보고서만 공식적으로 간행되었다(田中宏·松沢哲成編,『中国人强制連行資料─「外務省報告書」全伍分册ほか』, 現代書館, 1995). 사업장 보고서는 현재 그 내용을 기초로 다나카 히로시(田中宏), 우쓰미 아이코(内海愛子), 니미 다카시(新美隆)가 함께 엮어 편찬한『자료 중국인 강제 연행의 기록(資料中国人强制連行の記録)』

---

5 일본 패전 후 미국에 의해 만들어진 군정 기관으로 영어권에서는 'SCAP(Supreme Commander for the Allied Power)'라고 지칭하나 일본에서는 'GHQ(General Headquarters)'로 부른다.(편집자 주)

(明石書店, 1990)을 통해 일부분을 알 수 있을 뿐이다. 그렇다고는 해도 연행자 이름, 출신지, 사망자의 사망 연월일을 기재한 이 책의 존재 의의는 크다. 나가사키의 다카시마, 시카마치 탄광에 대해서도 이 책을 통해 강제 연행된 중국인의 이름 등을 알 수 있다. 다만 애석하게도 하시마와 사키토 탄광에 관련해서는 연행자 총수는 알 수 있지만 명부는 사망자의 것만 기재되어 있다.

누락된 내용 가운데 하시마에 관한 내용은 '인권을 지키는 모임'이 운 좋게 입수한 하시마 탄광의 사업장 보고서(『녹슨 수레바퀴를 돌리자 — 자료 '화인 노무자 조사 보고서'』『さびついた歯車を回そう—資料 「華人勞務者調查報告書」』라는 제목으로 1994년 '인권을 지키는 모임'에서 출판)에 의해 밝혀졌지만, 사키토 탄광에 관한 내용은 아직 해명되지 않은 부분이 남아 있다.

3. 누가 어떤 방식으로 연행되었나

'나가사키의 중국인 강제 연행 진상을 조사하는 모임(長崎の中國人强制連行の眞相を調查する會)'(1999년 7월 결성)은 과거 네 차례 중국을 방문하였는데, 실질적으로는 두 번에 걸쳐 현지 조사(1999년 8월, 2000년 1월)를 실시했다.

시카마치 탄광[6]에 대해서는 과거 일부분 조사가 이미 실시되어, 1992년 피해자 본인과 유가족 몇 명이 나가사키시와 시카마치 탄광이 있었던 현장을 방문하기도 했다.

이에 따라, 우리의 조사는 명부가 판명된 다카시마와 하시마에 대해서 진행하였는데, 우편을 통한 사전 설문조사(1998년)와 두 차례의 방문 조사 결과, 사업장 보고서 명부의 정확도가 대단히 높다는 것을 확인하게 되었다. 앞으로는 사키토 탄광 사업장 보고서의 행방을 찾는 일이 긴요하다. 그것은 진상규명뿐 아니라 일본 정부와 강제 연행 기업 미쓰비시의 책임을 묻기 위해서도 불가피하다. 조사 과정에서도 사키토에 관련된 피해자 본인과 유족의 귀중한 증언을 들을 수 있었다. 이는 우연이라기보다는 필연이라고 해야 할 것이다.

조사에 따르면 강제 연행 당시에 최연소자는 16세로, 대부분은 20대였고 직업은 농민이 압도적으로 많았으며(유족을 포함하여 조사 대상자 47명 중 40명), 군병이나 민병은 소수(3명)였다. 교원과 공무원, 상인을 납치·연행한 경우도 있었다. 따라서 포로를 연행해 사역하게 했다는 대중적으로 널리 퍼져 있는 견해는 실제 사실과 다르다. 무차별적인 납치와 연행이었다는 것을 알아야 한다.

대면 증언 조사를 통해 종합적으로 판단해보면, 연행은 대략 다음과 같은 과정을 거쳐 이루어졌다. 일본군은 허베이성(河北省)을 중

---

6 나가사키현 기타마쓰우라군 시카마치초(長崎県北松浦郡鹿町町)에 있었던 닛테쓰광업의 탄광. 현재는 사세보시 시카마치로 되어 있다.(옮긴이 주)

심으로 광대한 점령지에서 무차별적으로 납치한 젊은 남성과 포로를 각지의 수용소(최대 인원은 스좌좡(石家莊) 포로수용소)에 수용했다. 삼엄한 감시 아래 때리고 걷어차는 것은 말할 것도 없고 수족을 결박하거나, 각기 다른 사람의 다리와 다리를 사슬로 연결하기도 했다. 화장실에 갈 때도 결박을 풀어주지 않았다고 한다. 수용소는 점령지 괴뢰정권하에 '화인 노무자' 공급 기관(실제로는 인신매매적 공출 기관)으로 설치된 '화북노공협회(華北勞工協會)'에 의해 관리되었다. 협회는 수용소 내에서 일정한 직업훈련을 실시하도록 되어 있었지만 훈련은커녕 납치한 사람들을 사슬로 묶은 채 열차에 태워 톈진(天津)까지 이송했다. 이들은 보하이만(渤海灣)에 면한 탕구항(塘沽港)에서 목적지도 알지 못한 채 수송선을 타고 다카시마 또는 하시마로 연행된 것이다. 도중에 시모노세키(下關)나 사세보(佐世保)의 아이노우라(相浦)에 들렀던 흔적은 있으나 열차로 갈아타지는 않았다. 조선인 강제 연행의 경우는 일단 시모노세키에서 하선시킨 후 강제 노동 현장까지는 열차로 이송한 것과 확연히 다르다. 적국인으로서의 중국인에 대한 경계 의식 때문이었을 것이다. 또 다카시마로 갈 때는 사키토를 경유한 사실도 밝혀졌는데, 그것은 사키토로 보낼 연행자도 일부 동승시켰기 때문이다. 이 사실은 우리의 조사 소식을 듣고 직접 증언을 해주신 사키토 연행자에 의해 뒷받침되었다. 그리고 다카시마와 하시마로 강제 연행된 중국인의 경우, 탕구 출항의 시점에서 명확한 편성이 이루어지지 않았다는 사실도 판명되었다.

납치를 통해 급히 모은 집단이었기 때문으로 생각된다.

　남겨진 가족의 상황도 상상할 수 없을 만큼 참혹했다. 갑자기 한 집안의 가장이 행방불명되었으니 생활이 파탄 나 구걸을 하며 살거나, 끼니를 해결 못 하고 야위어가다 고통 속에서 죽음을 앞당긴 가족의 실태도 매우 많은 증언을 통해 잇달아 드러났다.

4. 강제 노동은 어떤 것이었나

　증언을 종합하면 2교대로 1일 12시간 노동을 했다. 휴일은 전혀 주어지지 않았다. 광차 밀기나 충전(充塡) 등의 갱내(坑內) 중노동을 하며 매일을 보냈고, 현장감독은 무자비하게 폭력을 휘둘렀다. 수용 숙소에서는 일본인 사감 밑으로 갱내 노동을 면제받은 중국인 대장과 통역이 있었다. 대(隊)는 다시 소대와 반으로 분할 편성되었는데, 화북노공협회의 직원으로 뽑힌 통역이 특별한 지위에 놓인 사실상의 지배자로서 사감의 뜻을 받들어 노무관리를 철저히 했다. 다시 말해 사감이 폭력을 휘두르지 않더라도, 중국인이 중국인을 폭력적으로 지배하는 체제가 구축되어 있었다. 병에 걸리거나 다쳐서 결근을 하면 그렇지 않아도 부족했던 식사량을 반으로 줄여 제공 했다. 병이나 사고로 동료가 잇달아 사망하는 상황 속에서 살아남으려면 아픈 것도 참고 일해야 했다. 병원이 있어도 치료는 극히 불충분했다. 이러한 강제 노동의 실태는 임금이나 의식주 항목까지 포함해 회사 측이 작성한 사업장 보고서가 얼마나 거짓말을 하고 있는지를 여실히 보여준다.

5. 의식주는 어떠했나

다카시마에서는 3식, 하시마에서는 2식으로 차이가 있었다. 양쪽 모두 옥수수를 주식으로 한 잡곡 만두(주먹밥)를 각각 2개씩 주는 허술한 식사였다. 증언자들이 잊지 못하는 기억은 배고픔이었다. 의류는 훈도시(褌)[일본 남성 전통 속옷]를 한 달에 1장, 그 밖에는 조끼와 작업화가 전 기간을 통틀어 한 번 지급된 게 전부였고, 겨울에도 이 단벌옷으로 지내야 했다고 한다. 수용소는 목조 2층 건물로 다카시마에서는 다단식 침대, 하시마에서는 1인당 한 첩(疊)[일본식 돗자리 다다미의 크기를 기준으로 하는 일본 전통 넓이 단위로 1첩은 1.62㎡ 정도이다] 넓이의 잡거 상태였다. 다카시마의 수용소 위치는 완전히 확인되지는 않았으나 판장을 둘러놓은 안에서 탄광 사이를 오가는 것 외에는 감시 상태에 놓여 있었다. 하시마에서는 더 엄중하여 담 위의 철조망에 전류가 흘렀다고 한다. 섬의 출입구인 '지옥문'을 통과하면 두 번 다시 나올 수 없는 속칭 '군함도'(하시마)에서는 200여 명의 중국인이 북서쪽 구석에 격리되었다. 하시마의 경우, 딱 한 번만 가족에게 엽서를 보내게 했으나 다카시마는 완전히 통신 두절 상태였다. 본인과 가족의 불안은 말로 표현할 수가 없었다. 강제 연행은 육체뿐 아니라 정신마저도 고통의 나락으로 빠뜨렸다는 점을 잊어서는 안 된다.

6. 임금은 지불되었나

임금은 지불되지 않았다. 또 계약도 없었다. 회사 측 사업장 보고서(하시마)에는 1일 5엔을 지급해 1일 4엔이었던 조선인보다 우대했다고 쓰여 있으나, 이는 완전한 거짓말이다. 중국인 노동자는 후생연금 가입 자격도 빼앗겼고, 임금 측면에서도 노예노동과 마찬가지였다.[7] 사업장 보고서는 본국 송환 시에 임금 누계 총액과 사망 위로금이 있는 경우, 그것도 가산하여 일괄 지급한 것처럼 위장하고 노동자의 수령증(손도장)까지 각각 첨부했으나 명백한 위조였다. 전후 정부를 상대로 중국인 노동력 상실의 손실보상을 요구할 때 근거자료로 삼은 것으로 강력히 의심된다. 미쓰비시광업은 이 손실보상금으로 286만9060엔을 수령했다(西成田豊, 『中国人強制連行』, 東京

---

7 본고는 2001년 7월 완성된 원고에 약간의 보필을 한 것이다. '화인 노무자'는 '제국 신민에 해당하지 않는 자'라고 하여, 후생연금 가입 대상에서 배제되었다는 사실이 2002년 7월 여러 조사로 판명되었다.

大学出版会, 2002, 466쪽). 또 회사 측이 '임금'으로 계상한 것은 강제 연행 시점에서 화북노공협회에 지불한 액수를 기준으로 한 것으로 보인다. 이 점에서 중국인 강제 연행은 인신매매적 성격을 갖기도 한다.

7. 저항운동은 있었나

당연히 저항운동이 있었다. 전국적으로 알려진 사례는 하나오카 사건(花岡事件)[8]이지만, 이 밖에도 무수한 항의와 저항이 있었다. 탄압의 희생자 역시 헤아릴 수 없다.

하시마에서는 취로(就勞) 거부 사건이 있었다. 이 섬으로 연행된 사람들은 탕구 또는 배 안에서 행선지가 조선소라고 들었지만 도착해보니 탄광이었다. 갱내 가스 사고로 두 명이 사망한 사건을 계기로 반수에 해당하는 약 100명이 조선소로 전환 배치를 요구하며 취로를 거부했다.

회사 측의 사업장 보고서에 따르면 설득을 통해 간단하게 사태를 해결한 것처럼 쓰여 있는데, 실제로는 경찰관까지 동원해 사흘에 걸

---

8 1945년 6월 30일에 아키타현의 하나오카광산에서 중국인 노동자가 봉기하여 일본인을 살해했고 그 후 진압된 사건. 전후에 가혹한 노동환경에 대한 손해배상청구소송이 제기되기도 했다.(옮긴이 주)

친 탄압으로 마무리 지었다. 최후까지 저항한 5명은 유치장에 가두어 죽도(竹刀)로 때리고 물이나 식사도 제공하지 않아 결국은 포기하게 만들었다. 고령의 증언자의 눈물에는 거짓이 없었다. 그리고 이 사건의 소용돌이 속에서 탄광장(鑛長)으로 생각되는 인물이 "너희들은 돈을 주고 사 왔으니 일해"라고 말한 것은 중국인 강제 연행의 시스템을 정확하게 폭로한 것이었다.

하시마에서는 일본인 현장 감시자에 대한 상해치사 사건도 있었다. 사업장 보고서에서는 "원한에 의한"이라고 기술되어 있으나, 일상적인 폭력 지배가 원인이었을 것이다. 이 사건의 '가해자' 중 한 명인 장페이린(張培林) 씨는 이사하야시(諫早市) 소재 나가사키 형무소에 수감된 후 옥사했다. 장 씨의 유골은 원폭 희생자 유골로 처리되어 전후에 본국으로 송환되었으나, 투옥되기 이전 상당히 체력이 좋았던 점에 비추어볼 때, 그의 죽음은 옥중 고문에 의한 것으로 의심된다. 이와 관련한 내용은 이번 조사에서 밝혀진 유족의 증언을 포함해 다음 절에서 소개한다.

또한 시카마치와 사키토에서도 수형자의 존재가 있었던 것으로 보아 저항 사건이 있었을 가능성이 높다고 생각되는데, 사키토에 관해서는 방중 조사 후에 귀중한 정보를 제공받아 혐의의 개요가 판명되었으므로 이에 대해서도 다음 절에서 쓰고사 한다.

8. 왜 원폭 희생자가 있나

나가사키로 강제 연행된 중국인 중에 원폭 폭사자가 33명이나 있다. 그들은 전원 '나가사키 형무소 우라카미 형무지소'(長崎刑務所 浦上刑務支所, 현 평화공원)에 수용되었던 도중에 원폭을 만나 죽음에 이르렀다. 우라카미 형무지소는 폭심지에서 500m밖에 안 되는 곳에 있어 수용자, 직원 중에 생존자가 한 사람도 없었다. 33명 중 27명은 미쓰비시광업 사키토 탄광, 6명이 닛테쓰광업 시카마치 탄광에 연행된 사람이다. 사키토 탄광에서 27명이 검거되고 투옥된 데서 집단적인 저항 사건이 있었음을 추측해볼 수 있는데, 지금까지 미확인 정보로서 유일하게 남아 있는 것이 뒤이어 소개하는 회고서의 한 부분이다.

다이너마이트 도난 사건

물고기를 잡기 위해 현장에서 훔쳤을 수도 있지만 그럴 가능성은 매우 희박하다. 계획적인 도난 사건으로서 권양기(捲揚機)[밧줄이나 쇠사슬로 무거운 물건을 들어 올리거나 내리는 기계] 폭파나 중요 시설 파괴 같은 범죄가 예상되기 때문에 탄광이 한때 시끄러웠다. 그리고 범인은 '화인'일 것이라고 결론 내리고 팔로군의 지도적 위치에 있었던 중령을 연행했다. 숨긴 장소가 갱 바닥 근처의 펌프장이라고 하여, 본인 입회하에 현장검증을 실시했다. 현장검증을 마치고 위로 올라오는 승강기에서 중령은 감시의 빈틈을 타 깊은 수직갱도로 뛰어내렸다고 한다. 순식간에 일어난 사건이라 주변 사람은 무슨 일이 벌어진지도 미처 몰랐다. 승강기는 2대가 한 세트로, 한쪽이 올라가면 다른 한쪽이 내려가는 구조였다.

중령은 몇 번 갱 벽에 부딪친 후 내려가는 승강기에 충돌한 것으로 보인다. 갱도 바닥에서 장대를 줍고 있던 아무개 씨에 따르면 "위에서 엄청난 유혈 사태가 발생했다"고도 하고, "도깨비불이 나타났다"고도 했다.(山崎英昭, 『望郷手帖 — 崎戸炭砿物語』, 1994, 223~224쪽)

그러나 우리의 중국 현지 조사가 보도된 것을 계기로 '사건'의 핵심에 접근할 수 있는 사법성 형정국(司法省刑政局) 자료의 일부를 제보받았다. 이로써 혐의 내용을 해명하는 데 큰 진전을 볼 수 있었다. 제보자에 따르면 이 자료는 전후 GHQ가 몰수한 것의 일부로 송환 전에 와세다대학이 마이크로필름 형태로 입수한 것이라고 한다. 또한 현재는 원자료도 방위청 전사자료실로 반환되었으나, 좀처럼 정리가 되지 않는 것에 대한 비판의 목소리가 있다고 한다. 나로서는 귀중한 자료를 제공받으면서 역사 규명의 가능성을 볼 수 있었다. 제공자인 요코테 가즈히코(橫手一彦, 나가사키 종합과학대학 조교수) 씨에게 깊은 감사를 드린다.

제공받은 자료는 두 종류다. 하나는 「치안유지법 위반 수형자에 관한 철(治安維持法違反受刑者に関する綴)」(사법성 형정국, 1945년 6

월~1945년 10월) 안에 있던 '외국인 피의자 일람(지나인 및 만주인)
Ⅱ'의 세 장 사본인데, 여기에는 나가사키 형무소에 17명, 우라카미
형무지소에 6명, 합계 23명의 중국인 이름이 기재되어 있다. 죄명은
전원 '치안유지법 위반'과 '국방보안법 위반'이었다.

두 번째 자료는 「군사기밀보호법 위반으로 수형 중인 외국인에
관한 서류(軍機保護法違反のため受刑中の外国人に関する書類)」(사법
성 형정국, 1942~1945년)에서 이사하야 소재 나가사키 형무소와 관
련된 중국인에 관한 항목(29장)을 뽑아 복사한 것으로, 앞의 17명과
관련해 '궤격 사상 회포자 원부(詭激思想懷抱者原簿)'와 6명에 대한
'원부'가 각각 별도의 양식으로 기록되어 있다(동음이자 등이 있으나
전원 동일인으로 추정된다).

우선 두 번째 자료부터 기술하면, '피의 관계자명'에 기재된 6명
(전원 1945년 3월 5일 나가사키 형무소 입소)을 포함한 '궤격 사상 회포
자 원부'가 각 사람별로 있고, 여기에 '우라카미 형무지소로의 이송
(1945년 5월 25일)'이라는 별지 '이동 보고'가 각각 첨부되어 있다. 또
'원부'의 '피의 사실 개요'에는 "사키토 광업소 화인 노무자 최고 간
부로서 본 탄광 갱 내외의 방화 폭파에 관련된 불온한 모략의 계획
과 모의에 참가하여 파괴용 다이너마이트를 절취한 자"(혹은 단순히
"모의에 참가 협력한 자")로 기술되어 있다. 다시 말해, 이 공문서는 사
키토 탄광에서 '불온한 계획을 모의한 사건'의 혐의로 6명이 검거,
유치되었다는 사실을 증명한다. 앞에서 소개한 『망향수첩 ― 사키토

탄광이야기(望鄕手帖 — 崎戸炭砿物語)』속의 사례도 이 '사건'에 얽힌 비참한 사실을 기술한 것으로 추정된다. 치안유지법이 존재했던 당시 상황에서는 이 '피의 사실'이 누명이었을 가능성이나 본보기식의 날조 사건일 가능성도 충분히 있다. 혐의에 상당한 증거가 있었다고 해도 침략전쟁과 강제 연행, 강제 노동에 대한 반격과 저항으로 볼 수 있으며, 그들에게는 오히려 그것이 정의였다고 할 수 있다. 더욱이 원폭에 희생되어 조국으로 생환하지 못한 그들을 전후에 법적으로나 인도적으로 방치한 일본 정부와 강제 연행 기업 미쓰비시의 죄는 천지에 부끄러운 행위다.

다음으로 첫 번째 자료에 대하여 기술하면, '피의자 일람'에서는 나가사키 형무소에 기재되어 있는 17명이 '입소형무소'란에는 '우라카미 형무지소'로 적혀 있다. 입소 날짜는 2월 8일부터 5월 17일에 걸쳐 각기 다른데, 제일 많았던 날은 3월 1일, 8명이었다. 그들이 신문을 받은 경찰서도 나가사키, 우메가사키, 이나사, 도기쓰, 아이노우라(최다는 나가사키서 7명, 불명 1명)로 제각각이다. 그리고 비고란에는 혐의에 대하여 "공산 팔로군 계통의 한패로 27명이 공범 관계에 있다"고 기재되어 있고, 주모자로 지목된 2명에 대해서만 "1945년 2월 10일 구류"라고 기재되어 있다. 따라서 이 17명은 '피의자 일람'에서는 나가사키로 쓰여 있으나, 이사하야의 나가사키 형무소에 수용된 적은 없고 신문이 끝난 후 처음부터 우라카미 형무지소에 입소한 것으로 추정된다.

그것은 '이동 보고'가 없다는 데서도 가능한 추정이다. 단 27명이 '공범 관계'라고 한 것에 대해서는 나머지 10명의 '원부'가 없어, 여기에 빠진 10명은 나가사키 형무소로 보내졌을 가능성도 있다.

우라카미 형무지소에서의 중국인 원폭 희생자가 33명이라는 추정은 앞에서 언급한『자료 중국인 강제 연행의 기록(資料中國人强制連行の記錄)』(明石書店, 1990)에 근거한 것인데, 이 책에 기록된 성명과 이번에 입수한 자료 속 성명을 조회한 결과 사키토 탄광 관련자 37명 중 23명이 일치하고(일부 동일인 추정치 포함), 시카마치 탄광 관련자는 본 자료에는 포함되어 있지 않다는 결론에 다다랐다. 아울러『자료 중국인 강제 연행의 기록』에 원폭사로 기재된 4명에 대해서도 이번 공문서 자료에서는 찾아볼 수 없었다.

또 최초에 기술한 6명의 검거 날짜는 2월 9일 5명, 익일인 10일 1명이며, 다른 17명 중 '주모자'로 지목된 2명의 구류 날짜(2월 10일)와 같은 시기이기는 하지만, 6명의 '사건'과 '공범 27명'이라는 사건과는 혐의 내용에서 볼 때 별개의 사건이 아닐까 추정된다. 이에 관해서는 침소봉대한 두 건의 대규모 징벌 사건일 가능성도 부정할 수 없을 것이다. 많은 숫자의 사람을 검거하고 투옥했다는 점에서 볼 때 다양한 저항 사건이 존재했음을 쉽게 짐작할 수 있는데, 그 원인은 단적으로 탄광에서의 가혹한 노무관리와 인간을 무시한 생활환경이 야기한 것이다. 원폭사를 포함해 사상자 전원에 대한 미쓰비시의 책임은 한층 더 무겁다고 하지 않을 수 없다.

마지막으로, 앞에서 언급한 하시마의 저항자 장페이린 씨가 원폭 희생자로서 유골 송환된 경위에 관하여 기술하고 싶다. 사업장 보고서에 따르면 나가사키 형무소에서 옥사한 그의 시신은 나가사키 의과대학에서 부검을 마치고 유골은 나가사키의 성덕사에 안치되었는데 유골마저 원폭에 피폭되었다고 한다. 그 후 유골 송환 사업(1957년, 중국인 순난자 유골 송환 사업 실행위원회) 시기에 다른 원폭 희생자의 유골과 함께 송환된 것이 판명되었는데, 이번 조사에서 장페이린 씨의 유골이 실제로 톈진의 '항일열사기념관'에 안치되어 있는 것을 확인했다. 그곳으로 처음 안내받은 유족 남매는 부친의 유골을 앞에 두고 쓰러져 울며, 부친이 연행된 후에 일가를 덮친 불행을 증언했다. 그 모습이 참으로 애처로웠다.

9. 유족에게는 알렸나

장페이린 씨의 유족이 부친의 사망 소식조차 통보받지 못했다는 사실로 볼 때, 미쓰비시광업은 장 씨의 유족에게 사망 통지를 하지 않은 것이 명백하다. 이것은 사업장 보고서에 기재된 장페이린 씨에 대한 지급금 550엔이 거짓임을 입증하는 것이기도 하다. 또한 우라카미 형무지소의 원폭 희생자 니루이펑(倪瑞峰) 씨의 유족도 이번 우리의 조사 때까지 부친의 사망에 대해 통보받은 일이 없었다. 미쓰비시뿐 아니라, 납치 형태로 연행해 노예 상태에서 일을 시켜 사망에 이르게 한 중국인에 대해 친족에게 사망 사실을 통지한 기업이 과연 존재할까. 필시 한 곳도 없을 것이다.

닛테쓰광업 시카마치 탄광의 원폭 희생자 우푸여우(鳴福有) 씨의 아내 뉴슈렌(牛秀連) 씨의 경우도 1992년 민간 조사단의 안내로 '항일열사기념관'을 방문하기까지 남편의 죽음을 알지 못한 채 반세기를 보내야 했다. 남편의 유골과 대면한 그녀의 모습은 영상으로 남겨져 있는데(나가사키방송(NBC), 〈地底からの告発〉), 그녀의 표정은 보는 이의 마음에 강한 인상을 남겼다.

문제는 전시 중이나 패전 직후에 기업이 유족에게 사망 통지를 하지 않은 데에 그치지 않는다. 일본 정부는 기업에 사업장 보고서를 작성시키기도 하고, 직접 외무성 보고서를 작성하기도 했다. 그러나 정부도 기업도 지금까지 사망 통지를 하지 않았다. 그 무책임이 가장 큰 문제다. 유골 송환 사업 자체도 민간의 양심적인 활동이 맺은 결실이다. 중국 정부가 항일 열사의 유족에게 유골의 소재를 알려주지 않은 것 역시 비통한 일이다.

10. 국가와 기업은 보상할 의지가 있는가

지금까지 약 60건을 헤아리는 전후 보상 청구소송에 있어 원고가 승소한 사례는 한 건도 없다.[9] 재일 한국·조선인 전 군인·군속에게 「전상병자 전몰자 유족 등에 관한 원호법(戰傷病者戰沒者遺族等援護法)」을 적용하지 않는 것인데(국적 조항에 의한 배제), 위헌 소지가 있다거나 입법부작위(차별 해소를 위한 입법 조치를 취하지 않는 상태)에 해당한다는 판시를 받은 적은 있지만 판결 자체는 항상 원고의 청구를 기각했다.

이에 대하여 정부와 입법부는 일시금의 지급(일본인 전 군인·군속에 대한 국가보상의 10분의 1도 되지 않는 금액)으로 마무리 짓고자 「일시금 지급법」을 제정했다(2000년 5월). 또 '위안부' 소송에서는 1998년 4월의 관부재판(關釜裁判, 야마구치 지방재판소 시모노세키지부)에서 "일본군 '위안부'에 대한 국가의 개입을 인정한 후 3년이 경과했음에도 불구하고 보상 입법을 하지 않은 입법부작위는 국가배상법 위반"이라는 원고 일부 승소 판결을 얻었으나, 2심 히로시마 고등재판소는 2001년 3월, "입법부작위라고 할 수 없다"며 1심 판결을 파기했다. 현재, 원고 측이 상고 중이지만 피고인 일본 정부는 유엔에서도 국가 간의 전후 처리에 따라 이미 해결이 종료(개인에게 청구권

---

9 2002년 4월 26일, 후쿠오카 지방재판소는 중국인 강제 연행·노동 손해배상청구소송에서 피고 일본 정부 및 미쓰이(三井)광산의 공동불법행위를 인정하고, 미쓰이광산에는 보상을 명했으나 성부에는 '국가부답책(国家無答責)'[1947년 국가배상법 시행 이전, 국가의 권력 행사로 인한 개인의 손해에 대하여는 국가가 책임을 지지 않아도 된다는 법리적 해석]을 적용하여 무죄판결을 내렸다. 이어 같은 해 7월 9일, 히로시마 지방재판소는 동종의 소송에서 피고인 니시마쓰(西松)건설의 위법행위를 인정하면서도 '제척기간'을 적용하여 '무죄'라는 부당판결을 내렸다.

은 없다는 견해)된 사안이라는 입장을 고수하고 있다. 개인 보상을 할 의지가 전혀 없는 것이다.

강제 연행·강제 노동 문제에서는 김순길 씨 재판을 통해 일본 정부의 주장을 명료하게 간파할 수 있다. 1945년 1월, 「국민징용령」에 따라 미쓰비시중공업 나가사키 조선소로 강제 연행된 김순길 씨는 국가와 미쓰비시중공업을 상대로 1992년 제소했다. 피고인 일본 정부는 구헌법하의 권력 행위에는 일절 책임질 필요가 없다는 '국가무답책(國家無答責)'론으로 대응했고, 또 다른 피고인 미쓰비시중공업은 전후 재벌 해체에 따른 3사 분할[일본이 패전한 뒤 GHQ에 의해 동일본중공업, 중일본중공업, 서일본중공업 3사로 분할되었다]을 이유로 책임을 부정하는 '별개회사(別會社)'론을 펼쳤다. 양측 모두 상식적으로 납득할 수 없는 비열한 논리로 책임을 회피하고 있는 것이다. 1심 나가사키 지방재판소 판결(1997년 12월)도 2심 후쿠오카 고등재판소 판결(1999년 10월)도 강제 연행 과정에서의 국가의 위법행위와 강제 노동 중의 기업의 위법행위를 각각 인정했지만, 양 피고의 주장을 합법이라고 받아들여 원고의 미지불 임금 및 손해배상청구를 기각했다. 일본 정부, 연행 기업, 재판소 삼자가 하나 되어 정의와 공정에 반하는 부당판결을 반복하고, 인권 회복과 전후 보상을 거절하는 구조적 축도가 여기에 있다고 할 수 있다. 이 구도를 허용하는 전후 일본 민주주의 사회의 미숙함도 엄중하게 따져보아야 한다. 김순길 씨는 1심 판결 후 한스럽게 세상을 떠났고 현재 유족이 상고 중이다.

전시에 자행된 강제 연행·강제 노동 정책은 산업계의 강한 요구에 의해 이루어진 것이다. 각 기업이 요구 인원을 후생성에 신청하여 허가를 받았다. 그럼에도 불구하고 전후 보상 재판에서 피고인 기업 측은 법적 책임을 부정하고, 전부 국가의 정책에 책임이 있다는 식으로 주장하는 것도 두드러진 특징이라 하겠다.

일본 정부는 국가무답책론이나 국가 간 전후 처리로 "해결이 끝났다"는 주장을 전개하고, 기업은 사죄와 법적 책임을 인정하지 않으며 애매한 태도를 취하고 있는 게 현실이다. 평화주의, 민주주의, 기본적 인권을 규정한 헌법에 명백히 위반되는 이 같은 상황을 타파하는 것이 현대 일본의 최대 과제이다.

독일처럼 발본적인 전후 보상법을 제정하지 않은 채 반세기 이상을 지나온 일본은 관부재판(1심) 판결, 류롄런(劉連仁) 소송 도쿄 지방재판소 판결(2001년 7월 12일)에서 드러난 바와 같이 양심적인 판결이라며 높은 평가를 받은 경우에 있어서도, 전전의 행위를 직접 심판하지는 못했다. 전후의 「국가배상법(国家賠償法)」(1947년 10월 시행)에 따라, 배상 입법 의무나 보호 의무 위반 책임을 물어 국가에 배상을 명한 것이 고작이다. 전후 보상법 제정을 촉구한 경우는 있어도, 강제 노동을 금지하는 국제노동기구(ILO) 협약이나 포로 학대 금지 조약과 관련된 국제법 위반에 의한 국가보상 책임을 인정한 판결은 없다. 이 점에서 사법계의 판단 결여와 '행정 추종주의'를 지적할 수 있다. 역으로 시효와 제척 기간(불법행위 때부터 20년이 경과하면 손해배상청구권은 소멸된다는 민법 규정), 국가무답책론, 국가 간 전후 처리에 따른 '해결종료'론 등 국가보상을 막는 장벽은 몇 겹이나 두텁다. 그러나 이런 장벽을 방패 삼아 일본 정부가 개인 보상을 거절한다면, 정의·공정·조리의 달성을 본래의 목적으로 하는 법 자체를 파괴하는 자기모순에 부딪힐 것이며, 세계로부터 무책임하다는 비판에 직면하여 고립을 면할 수 없을 것이다.

나가사키현 내의 중국인 강제 연행·강제 노동 책임 기업은 미쓰비시광업과 닛테쓰광업이지만, 우리는 이번 진상 조사와 병행하여, 미쓰비시머티리얼(미쓰비시광업의 자산 계승 회사)에 조사 협력(사내 자료 제공)과 피해자에 대한 성실한 대응을 요구했다. 그러나 사측은 "자료 소실"에 따른 "사실관계 불명"이라는 회답을 반복하며, 여전히 피해자 본인들의 방일 면담조차 거부하고 있다. 그리고 나가사키현 내 미쓰비시의 중국인 강제 연행 피해자 모임인 '나가사키 3도 중국인 노동자 수해자 연의회'(長崎三島中国労工受害者聯誼会, 2001년 9월 결성)의 공개서한(사죄와 보상 요구서)에는 "보상 등을 포함해 귀 신청에는 응할 수 없다"는 답변서로 입장을 밝혔다. 무책임하다는 것은 바로 이런 걸 두고 하는 말이다.

이러한 횡포와 낯 두꺼운 대응은 결코 묵과할 수 없다. 강제 연행된 이들에게 지독한 고난과 희생을 강요했던 기업의 책임을, 피해자 및 그 가족들과 함께 철저하게 추궁해갈 것이다. 그것은 일본 국민의 책무이기도 하다. 모든 수단을 동원해서라도 정부와 기업이 조사와 사죄, 보상을 할 의지를 보이지 않는 이 같은 현실을 반드시 넘어서야 한다. 역사는 숨길 수 없다. 본 증언집을 비롯하여 이미 밝혀진 역사적 증거를 토대로 국가와 기업의 책임을 묻는 강력한 첫걸음을 내딛고자 한다.

● 수록: (팸플릿) 『나가사키의 중국인 강제 연행(長崎の中国人強制連行)』, 나가사키의 중국인 강제 연행 진상을 조사하는 모임(長崎の中国人強制連行の真相を調査する会)・나가사키의 중국인 강제 연행 재판을 지원하는 모임(長崎の中国人強制連行裁判を支援する会), 2002년.

나가사키의
전쟁 · 원폭 기념물을 생각하다

시작하며

반핵평화운동을 둘러싸고 흔히 "분노의 히로시마, 기도의 나가사키"라고 말한다. 원폭 피폭에 대하여 히로시마에 비해 나가사키는 분노를 가지고 고발하는 태도가 희박하고, 감내하는 듯이 보이기 때문일 것이다. 이러한 대비는 과연 무엇을 근거로 하는지 살펴볼 필요가 있다.

최근에는 '나가사키 원폭자료관(長崎原爆資料館)'이나 '국립 나가사키 원폭 사망자 추도 평화기념관(国立長崎原爆死没者追悼平和祈念館)'이 히로시마의 그것보다 외국인 희생자에 대해 많은 관심을 보인다고 해 높은 평가를 받기도 한다. 이것은 과연 어디까지 사실일까. 이 글에서는 나가사키의 전쟁·원폭 기념물의 현 상황과 역사적 경위를 기술하고, 이를 바라보는 관점의 타당성에 대해서도 검증하고자 한다.

1. 평화기념상

평화공원에 세워진 거대한 평화기념상은 원폭 도시 나가사키의 상징물로서 세계적으로도 알려져 있다. 상징으로서는 히로시마의 원폭 돔에 필적하는 존재일 것이다. 그러나 평화기념상은 전후 10년이 지난 1955년에 설치된 인물상으로, 본래의 원폭 유구(遺構)가 아니다. 게다가 원폭 돔과는 근본적인 차이가 있다. 평화공원은 우라카미 형무지소 터를 정비하여 공원으로 조성한 곳인데, 이 정비는 「나가사키 국제문화도시 건설법(長崎国際文化都市建設法)」(1949년 8월 9일 공포)에 근거한 건설 사업의 일환이었다. "원폭을 관광과 연결 짓는 발상"이 법의 제정 청원서에 담겨 있다는 지적[10]처럼, 평화기념상의 제작과 설치도 이 같은 발상에 따라 세워진 것이라 해도 과언이 아니다. 또한 피폭 유구의 보존에 관련된 나가사키시 행정의 추이를 보면 원폭을 관광과 연결하려는 발상이 곳곳에서 눈에 띈다.

---

10 西村明,「祈りの長崎 ― 永井隆と原爆死者」, 東京大学宗教学年報 19号, 2001, 59쪽.

평화기념상을 보고 원폭의 비참함을 떠올리는 사람은 별로 없다. 연간 200만 명이라는 관광객이 자신의 얼굴과 함께 사진기에 담는 피사체로 여길 뿐이다. 나가사키 관광의 상징이기는 해도, 피폭의 상징이라고는 할 수 없는 것이다. 이와 관련해, 히로시마의 전재부흥(戰災復興) 관련법은 「평화기념도시 건설법(広島平和記念都市建設法)」이라는 명칭을 가지고 있다.

평화기념상의 설치에 즈음하여 원폭 피해자인 후쿠다 스마코(福田須磨子)[11]가 "모든 게 다 싫어졌습니다./ 원자폭탄이 투하된 땅에 우뚝 솟은 거대한 평화상,/ 그래요 좋아요. 그건 됐다고 쳐요./ 하지만 그 돈으로 뭔가 할 수 있지 않았을까요?/ '돌로 만든 상은 먹을 수도 없고 배를 채울 수도 없어요'./ 치졸하다고 말씀하시는군요./ 피폭 후 십 년을 겨우 살아온/ 피해자의 진실한 심경입니다"라는 내용의 시(「ひとりごと」, 日朝日新聞, 1955년 8월 11일 자)를 신문에 투고하며 항의한 사실은 잘 알려진 일이다. 큰돈을 써서 이런 돌상을 만들기보다는 병과 가난에 시달리는 원폭 피해자의 구제를 우선해야 한다는 그녀의 호소는 큰 반향을 불러일으켰다. 또 오카 마사하루[12]가 '평화기념상 철거에 관한 청원서(平和記念像撤去に関する請願

---

11 나가사키의 피폭자. 『나 아직 살아 있어(われなお生きてあり)』(筑摩書房, 1968)에서 제9회 다무라 도시코(田村俊子) 상 수상. 『원자의 땅(原子野)』(現代社, 1958), 『낙인(烙印)』(長崎原爆被災者協議会, 1963) 등 다수의 원폭 시집이 있다. 나가사키 폭심지공원(爆心地公園)에 '후쿠다 스마코 시비'가 세워져 있다. 병원 입퇴원을 반복하다 1974년 52세로 타계했다.

12 12년간 해군 하사관으로 복무했다. 패전일 무렵 해군병학교 교관으로 있었는데, 에타지마

書)'를 나가사키 시의회에 제출(1973년)했다가, 불채택된 일도 전해지고 있다. 오카 씨 주장의 근저에는 이 기념상이 "단순히 진귀한 관광 대상에 불과"(위의 청원서)하여 평화공원에 적합하지 않다는 지적뿐 아니라, 전전에 많은 군신상을 제작했던 제작자 기타무라 세이보(北村西望)[13]에게 군국주의를 고무한 책임 또한 묻고 있다. 미국의 원폭 투하 그 자체는 용납할 수 없는 일이지만, 이를 야기한 일본의 침략전쟁 책임을 물으며 원폭을 관광자원으로 삼으려 하는 부적절한 태도를 비롯해 군국주의자가 평화주의자로 바뀌는 변신의 속도도 묵인해서는 안 된다고 주장한 것이다. 평화기념상은 '수인(受忍)[14]의 상징'이기 때문에 호감을 가질 수 없다고 하는 원폭 피해자와 시민도 적지 않다.

(江田島)에서 원자폭탄 구름을 목격하고 천황에게 항복을 직소하자고 동료와 생도들에게 주장하다 상관에게 폭행당한 일화가 있다. 전후 나가사키 루터복음교회에 목사로 부임하고, 나가사키 시의회 3선 의원도 역임했다. '나가사키 재일조선인의 인권을 지키는 모임' 대표를 지내며 조선인 피폭자 실태조사를 실시했다. 1994년 75세로 타계했다.

13 나가사키현 출신의 조각가(1884~1987). 도쿄미술대학(도쿄예술대학의 전신)을 졸업하고, 같은 학교의 교수로 재직했다. 〈군신 다치바타 슈타 중좌 동상〉, 〈데라우치 히사이치 원사 기마상〉, 〈야마가타 아리토모 공 기마상〉, 〈고다마 겐타로 대장 기마상〉 등을 제작한 바 있다.

14 전쟁 등 국가의 존망이 걸린 비상사태하에서는 모든 국민이 생명과 신체, 재산상의 피해를 감수할 수밖에 없으며 이는 부득이한 희생이므로 국가가 그 피해를 보상할 의무가 없다는 논리로서, 일본인의 해외 재산 보상 문제와 관련한 소송(1968년 11월 27일 최고재판소) 판결문에서 공식 등장했다.(옮긴이 주)

2. 우라카미 성당

우라카미 성당(浦上天主堂)은 20년의 세월을 거쳐 1914년에 동양 제일을 자랑하며 완성된 가톨릭 대성당이다. 원폭은 약 1만2000명의 성도 중 8500명의 목숨을 빼앗아갔고, 폭심지에서 500m 거리에 있던 이 대성당은 불에 타 폐허가 되었다. 그 잔해를 기록한 사진이 다수 남아 있는데, 원폭의 참상뿐 아니라 전쟁으로 인한 인간의 삶과 죽음의 문제를 충격적으로 보여주고 있다. 이 폐허가 보존되어 있었다면 히로시마의 원폭 돔과 막상막하로 "전쟁과 평화를 상징하는 귀중한 증인이 될 수 있었다"(『ながさきへの旅』, 長崎の証言の会, 1996). 또 교회를 파괴한 행위 자체를 죄로 물을 수 있는 종교적인 의미도 가질 수 있었다. 그러나 원폭으로 폐허가 된 이 성당은 1958년 4월에 철거되고 재건되었다. 남쪽의 벽면 일부만이 폭심지(爆心地)공원으로 이설하여 보존되어 있지만, 파괴의 전체 모습을 상상하기에는 못 미친다. 당시 '나가사키시 원폭자료보존위원회(長崎市原爆資料保存委員会)'(1949년 4월 발족)는 존치 보존을 요청하였고, 영구 보존을 요구하는 시민의 진정이나 시의회 의원의 절절한 주장도 있었다. 그러나 붕괴될 위험 때문에 보존이 어렵고 재건할 대체지도 확보할 수 없으며, 현지에 그대로 재건하기를 바라는 성도들의 의견도 있어서 결국은 해체, 철거로 결론이 난 것이다.

'기도의 나가사키'에는 나가이 다카시(永井隆)[15]의 '우라카미 번제설(浦上燔祭説)'[16]이 큰 영향을 주었다고 할 수 있다. 우라카미 성당의 폐허를 보존하는 것은 '신의 섭리'를 거부하고 원폭의 참상을 지속적으로 고발하는 일로 이어질 테니, 철거에도 역시 '번제설'의 영향이 있었다는 점은 부정할 수 없다. 그러나 철거를 결정하기까지는 이보다 정치적인 관점이 작용하였다는 의심이 든다. 그 근거로서 첫째, 평화기념상의 건설을 주도한 「나가사키 국제문화도시 건설법」의 취지다. 이 법의 취지는 단적으로 말해 관광도시 나가사키의 건설에 있다. 원폭의 피해를 지나치게 내세우지 않고, 아름답고 맑은 자연 풍광과 이국적인 정취의 전통을 겸비한 관광도시로서의 행정을 추진한 것이라 할 수 있다. 적어도 그 시점에서는 나가사키가 일본 관광지 100선의 상위를 차지하고 있었는데, '분노의 히로시마'처럼 되는 것은 관광산업에 득이 되지 않는다고 판단한 측면이 있

---

15 나가사키 의과대학에서 방사선학을 전공한 의사로 많은 환자를 진료했고, 학생들을 가르친 교원이었다. 원자폭탄 피폭으로 인해 자신도 부상을 당한 몸으로 피폭자를 치료했다. 투병생활을 한 '뇨코도(如己堂)'에서『이 아이를 남겨두고(この子を残して)』(大日本雄弁会講談社, 1948),『나가사키의 종(長崎の鐘)』(日比谷出版社, 1949),『꽃 피는 언덕(花咲く丘)』(花咲く丘, 1949) 등 다수의 책을 집필하여 발표했다. 가톨릭교 신자로서 '우라카미 번제설(浦上燔祭説)'을 설파한 인물이기도 하다. 1951년 43세의 나이로 세상을 떠났다.

16 나가사키에서 원폭이 투하된 폭심지는 가톨릭 교인이 가장 많이 거주하는 우라카미 지역 일대였다. 1945년 11월 23일, 우라카미 원폭 희생자를 위한 합동장례식 추도사에서 나가이 다카시는 2차 세계대전이라는 인류의 죄악을 씻기 위해 우라카미의 천주교인들이 가장 순결한 속죄의 번제 제물로 바쳐졌다는 발언을 하였다. 이것을 '우라카미 번제설'이라 부른다.(옮긴이 주)

었다. 1955년에 개설된 원폭에 관한 전시자료관의 명칭이 '나가사키 국제문화회관(長崎国際文化会館)'이었다는 점에서도 그러한 시각이 현저히 드러난다. 그러나 더욱 중요한 것은 보존이냐 해체·철거냐를 두고 결정적인 논쟁이 벌어진 시의회 본회의(1958년 2월 17일)에서, 당시 다가와 쓰토무(田川務) 나가사키 시장이 "우라카미 성당 유적은 금일 나가사키시의 관광자원으로 도움이 되고 있다"면서도, "미국, 영국, 소련 등 핵무기 보유국은 원폭이 없으면 평화를 지킬 수 없다고 주장하고 있고, 원폭에 대해서는 국제 여론이 찬반으로 양분되어 있다. 그러므로 우라카미 성당 유적만이 평화를 지키는 유일하고 불가결한 것이라고는 할 수 없다. 많은 금액의 시 재정을 투입하면서까지 보존할 생각은 없음을 분명히 밝힌다"[17]고 답변했다. 그리고 이 답변은 다가와 시장이 나가사키와 미국 세인트폴 양 도시의 자매결연(1955년)을 기념하여 방미한 후에 나온 것이라는 점에서, 보존을 강력히 요구한 이와구치 나쓰오 의원이 "다가와 시장

---

[17] 1958년 2월 17일 임시 시의회 본회의에서 이와구치 나쓰오(岩口夏夫) 의원은 "전 인류의 20세기의 십자가로서 그리스도상이 이천 년 전 그리스도의 희생을 상징한다면, 우라카미 성당 유적은 20세기 전쟁의 어리석음을 표상하는 희생이자 십자가이다. 나가사키를 방문한 각국의 사람들이 그 앞에서 잠시 자세를 바로잡고 원폭의 과거를 떠올리며 준엄한 마음을 갖게 하는 최적의 원폭 자료다. 한 번이고 두 번이고 세 번이고 교회 측을 설득해주기 바란다"고 시장에게 주장했다. 또 아라키 도쿠고로(荒木德伍郎) 의원은 "이와구치 의원의 성심성의가 담긴 요망에 왜 응하지 않는가. 원폭청년회(原爆青年乙女の会)의 청년들은 눈물을 흘리며 유적 존치를 부르짖고 있다. 남겨달라"고 시장을 압박하기도 했다.(品川登,「何故に撤去されたか?—旧浦天主堂の被爆遺構」,『長崎人』第19号, 1998년 7월, 5~8쪽)

의 생각이 방미 귀국 후에 급격히 바뀌었다는 느낌이 든다"[18]고 회고한 것처럼 방미 중에 심경의 변화를 가져올 만한 미국 측의 압박이 있었다는 의심도 해볼 수 있다. 이 의혹을 풀고자 한 저널리스트가 미국 국립 고문서관과 관계자를 취재했는데, 그 내용에 의해 미국 측의 '압박'이 있었을 가능성은 더욱 높아졌다. "핵 정책의 주도권을 쥐려고 하는 미국의 입장에서는 폐허가 된 성당이 원폭 투하에 대한 의문을 품게 하는 방해물이지 않았을까" 하는 그의 지적[19]은 주목할 만하다. 결국 우라카미 성당은 시장의 '방침 전환'과 야마구치 아이지로(山口愛次郎) 나가사키 대교구 주교의 '현재 자리에 재건한다'는 최종 결정에 따라 해체, 철거된 것이다. 그런데 야마구치 주교도 해체, 철거하기 2년 전에 성당 재건 모금 활동을 위해 방미한 적이 있다. 그때 보존이냐 철거냐를 두고 미국 가톨릭교회와 논의를 하지 않았을 리 만무하다. 당시 핵무기 폐기 운동의 시민적 역량이 미숙했다고는 해도, 원폭 용인으로도 생각될 수 있는 시장의 발언과 우라카미 성당 고위층의 책임은 중대하다. 혹시나 미국의 압력에 굴복했다고 한다면 더욱 원폭 피해자를 모독하는 돌이킬 수 없는 잘못을 저지른 셈이다.

---

18 위의 책.

19 『ナガサキ 消えたもう一つの「原爆ドーム」』(平凡社, 2009)의 저자 다카세 쓰요시(高瀬毅)
씨의 지적이다.(『나가사키신문(長崎新聞)』 2009년 7월 13일 자 기사 참조)

3. 강제 연행 조선인의 수용 숙소 '기바치료'의 해체와 철거

원폭 투하 당시 나가사키 시내에는 약 2만5000명의 조선인이 있었다고 추정된다.[20] 그중 10% 정도는 미쓰비시조선소로 강제 연행되어, 폭심지에서 약 6km 떨어진 기바치마치(木鉢町)에 위치한 기바치료(木鉢療)에 숙소를 두었던 독신 남성들이다. 광대한 부지에 수용 숙소 8동, 식당 1동, 직원 주택 2동으로 이뤄진 이곳은 전후에는 일본인이 거주했는데, 노후화 및 이런저런 곡절로 건물 수가 줄다가 1982년 3월 시점에는 두 개 동만 폐옥에 가까운 상태로 남아 있었다. 당시 시의회 의원이었던 오카 마사하루는 의회 질문을 통해 나가사키시에 "반침략, 반수탈을 다짐하는 사적(史跡)"으로서 복원, 보존할 것을 요구했다. 그러나 시는 비용과 방법, 소유자와의 의견 절충 등 해결이 어려운 문제들이 많다며 응하지 않았고, 1986년 1월 결국 땅 주인에 의해 해체, 철거되어 버렸다. 그 후 오카 마사하루가 대표로 있는 '인권을 지키는 모임'은 조선인 징용 노동자의 가혹한 실태를 전하는 안내판을 현장에 세우고 싶다고 주인에게 요청했으나 거절당했다. 우연히 인접한 곳에 나가사키시 소유의 작은 공터를 발견하고 그곳에 안내판 설치를 허가해달라고 시장에게 요구했으나 이마저도 "지역 자치회의 허락을 얻지 못했다"고 거부당해 결실

---

20 '나가사키 재일조선인의 인권을 지키는 모임'의 실태조사에 따름. 패전 시 나가사키현에 7만 5000명(내무성 경보국 통계)이 있었다는 사실을 증명하는 조사도 시행한 결과의 추정치다.

을 보지 못했다.

4. 우라카미 형무지소(평화공원)의 유구(遺構) 발굴 및 보존

1992년 1월, 평화공원 지하에 주차장을 건설하는 토목공사 과정에서 옛 우라카미 형무지소의 포석(敷石)과 사형장 터 등의 유구가 속속 지상으로 모습을 드러냈다. 원폭 피해의 참상을 상기시키며 핵무기 폐기를 외치는 피폭 유구가 점차 사라져가는 중에 발굴된 최후의 거대한 유구였기 때문에, 전면 보존을 요구하는 운동이 점점 고조되었다. 또 폭심지에서 100~300m 떨어진 곳에 있었던 이 형무소에서는 직원과 수용자 전원 134명이 즉사했는데, 적어도 13명의 조선인과 32명의 중국인이 포함되어 있었기 때문에 유족 찾기와 유골 반환 문제도 부상했다. 전후 50년을 앞에 둔 이때, 너무 늦었다고는 해도 외국인 원폭 희생자 문제에 힘써온 시민의 운동은 일정한 성과를 거두었고 좋은 평가를 받아 마땅하다고 생각한다. 한편, '평화공원의 피폭 유구를 보존하는 모임(平和公園の被爆遺構を保存する会)'이 결성되어, 두 운동은 자동차의 양 바퀴처럼 서로를 도우며 앞으로 나아갔다. 피폭 유구로서만이 아니라 일본의 조선 침략과 전쟁범죄를 고발하는 유적으로서도 전면 보존할 것을 나가사키시에 강력하게 요구했다. 그러나 "어두운 역사는 평화공원에 적합하지 않다"

며 현지 지자체가 반대한다는 이유로, 사형장을 다시 메우고 결국 남쪽의 구치소 터 부분만이 보존되었다.

평화공원에는 이 유구에 대한 설명을 포함한 안내판이 설치되어 있다. 거기에는 "수용자 81명(이 중 중국인 32명, 적어도 조선인 13명)을 포함해 총 134명 전원이 즉사했다"고 쓰여 있는데, "강제 연행되었다"는 일곱 글자는 찾아볼 수 없다. 마침 스테인리스로 만든 안내판이 부식되어 글자와 도면이 눈에 띄게 희미해지자, 문언의 불충분성을 지적했던 시민단체가 "강제 연행자 중 치안유지법, 국방보안법 위반 등의 혐의로 부당하게 구속되어 수용되었다가 원자폭탄에 피폭사한 중국인, 조선인의 희생과 그 인원수"를 명기하여 다시 제작하라고 요구했다. 2007년 11월부터 2009년 1월까지 십여 차례의 협의를 거치면서도 담당 부처인 원폭자료관은 교과서에도 기술되어 있는 '강제 연행된'이란 말의 기재조차 거부했다. "강제 연행 사실은 부정할 수 없으나, 시민에게는 다양한 역사관이 존재한다"는 이유였다. 시민단체 측도 본래 요구하던 바와 다르지만 "평화공원 내에 우라카미 형무지소 중국인 원폭 희생자 추도비 및 나가사키 원폭 조선인 희생자 추도비가 건립되어 있다"고 설명을 덧붙이는 선에서 타협할 수밖에 없었다. 부정적인 역사에는 등을 돌리는 나가사키시의 자세가 여실히 드러난다고 할 수 있다. 유구 보존에 대한 나가사키시의 미온적인 태도와 함께, 시민단체 측의 역량 부족도 문제다.

5. 나가사키 원폭자료관

원폭에 관한 전시자료관은 1955년에 '나가사키 국제문화회관'이라는 이름으로 개설되었다. 현재의 원폭자료관은 전후 50주년 기념사업으로서 '나가사키 국제문화회관'을 개축하여, '원폭'을 명시하는 명칭으로 고치고 1996년 4월 1일 개관한 것이다. 〈A. 1945년 8월 9일〉, 〈B. 원폭에 의한 피해의 실상〉, 〈C. 핵무기 없는 세계를 향하여〉, 〈D. 비디오 룸〉, 이렇게 네 코너로 구성되어 있다. 이 중 특별히 논평하고 싶은 것은 C코너에 포함된 '중일전쟁과 태평양전쟁'에 관한 전시다. 여기서는 아시아의 근대사 연표가 주요 사건의 사진과 함께 띠 모양으로 전시되어 있다. 1937년 12월경에는 '난징대학살'이라고 분명히 기재되어 있으나, 그 밑의 사진은 사람들을 한곳에 빼곡하게 몰아넣은 모습을 담았을 뿐, 학살은 고사하고 이 사진이 도대체 무슨 장면을 담고 있는지도 알 수 없다. 사실 개관 당시 여기에 놓인 사진은 다른 것이었다. 일본군 부대가 난징 함락에 즈음해 성벽에 뛰어 올라가 환호성을 지르는 장면이었다. 이 사진은 미국의 반일 선전영화 〈더 배틀 오브 차이나(The Battle of China)〉(1944)의 한 장면인데, 실사가 아니므로 철거해야 한다는 의견이 제기되어 많은 검토를 거쳐 교체되었다고 한다. 앞선 장면이 오히려 더 적합했다고까지는 말 못 하더라도 나중에 교체된 사진이 부적합한 것은

명백하다. 현재 전시된 사진은 일본군이 학살 전에 '사복 군인 사냥(便衣兵狩り)'[21]을 하는 장면으로서, 난징대학살에 관해 배운 사람이라면 곧바로 알 수 있는 무서운 장면이다. 그러나 일반 시민이 더 잘 이해할 수 있는 더 적합하고 생생한 사진이 다수 존재하는데 왜 하필 이 사진을 선정했는지 이해하기 어렵다. 난징대학살을 부정하는 사람들을 감안하여 '애매하게 처리하고자 하는' 의도가 작용한 것이 틀림없다. 역사 연표를 다 보고 나면 중일전쟁을 영상으로 보여주는 비디오도 시청할 수 있는데, 2분 정도의 영상으로 수박 겉핥기라는 느낌을 지울 수 없다. 필자가 원폭자료관에 안내한 외국인들은 모두 똑같이 난징대학살에 관한 이 사진과 중일전쟁 비디오의 어중간함에 대하여 비판했다. 난징대학살은 없었다고 주장하는 일부 시민이 이 사진 교체 후인 1996년 11월, 전시 공사 업무를 맡아 당초의 사진을 납품했던 단세이샤(丹青社)와 전시 설계의 감수 작업에 임한 두 사람의 감수자에게 손해배상을 청구해야 한다고 주장하며, 나가사키시를 상대로 '손해배상청구를 소홀히 한 사실의 위법 확인 청구' 소송을 제기했다가, 1심과 2심 모두 원고 패소로 종결된 일도 있었다.

한편 히로시마 평화기념자료관에는 나가사키 원폭자료관의 C코너와 같은 전시가 없다고 해서, 이 코너의 존재 자체를 높게 평가하

---

21 군복 대신 민간인 복장으로 갈아입은 패잔병의 수색. 민간인을 포함한 다수의 희생자가 나왔다.

는 목소리도 있다. 문제는 코너 자체가 아니라 코너의 목적에 부합하도록 그 내용을 한층 더 충실화하는 데 있다고 생각한다. 나가사키 원폭자료관의 역사 인식에 관해서 C코너 이외의 다른 곳에 문제가 없는 것은 아니다. B코너에서는 원폭 피해자의 증언을 비디오로 청취할 수 있는데, 재일 한국·조선인 피해자의 증언은 한 사람도 없다. 원폭 피해의 참상뿐 아니라 강제 연행과 가혹한 노동, 차별과 억압의 실태를 고발한 서정우(徐正雨) 씨의 증언 비디오는 취재와 제작 의뢰를 받은 나가사키방송(NBC)이 납품했음에도 불구하고, 납품 시기가 재개관 이후였기 때문인지 관내 도서관과 '국립 나가사키 원폭사망자 추도 평화기념관'에서만 시청할 수 있다. 이러한 실상을 몰랐던 서정우 씨는 원폭자료관에 불신감을 품은 채 2001년 8월 2일, 72세로 세상을 떠났다. 그의 증언을 포함한 귀중한 증언 비디오의 목록과 시청 장소의 게시가 동 코너에 있었다면, 그의 불신도 면할 수 있었을 것이며, 안내문을 읽고 증언 비디오를 찾아 시청하는 사람도 반드시 있을 것이다.

6. 원폭낙하중심비 철거 계획의 파산

나가사키의 폭심지(爆心地)공원에는 삼각기둥 형태를 한 '원폭낙하중심비(原爆落下中心碑)'가 세워져 있다. 높이 6.5m의 이 비는

1956년 건립 당초에는 사문석(蛇紋石)으로 제작되었으나 1968년에 검은 화강암을 덧발랐다. 단순하면서도 검고 조용하게 빛나는 모습이 원폭의 기억과 추도를 상징하여 시간이 흐를수록 시민의 마음에 깊이 뿌리내렸다. 나가사키시가 특정 제작자에게 의뢰한 것이 아니라 공모를 통해 제작된 디자인이라고 하는데, 원폭의 빛이 남긴 그림자를 바탕으로 원자폭탄 낙하 중심지를 측정하여, 기둥 윗면 이등변삼각형의 꼭짓점 각도를 30도로 정했다는 유래를 들으면 누구나 그 심오한 뜻에 감동할 것이다.

1996년 3월, 이 원폭낙하중심비를 철거·이설하고, 거대한 모자상으로 바꾸려는 계획이 발표되어 시민사회를 충격에 빠뜨린 일이 있었다. 2월 말 『나가사키신문』이 "원폭낙하중심지 기념물, 도미나가 나오키(富永直樹) 씨 제작으로, 스승 고 기타무라 세이보 씨의 소원 계승"이라는 제목의 기사를 보도하면서 새로운 기념물 제작 계획이 알려졌다. 3월 시의회에서 예산안과 함께 의결, 승인된 것도 정확히는 이 기념물을 제작하는 데 국한된 것이지, 기존의 중심비에서 교체하기로 의결한 것은 아니었다. 그러나 시장은 시의회의 승인을 근거로 모자상 제작은 새로운 원폭낙하중심비로 삼기 위한 것이라며, 삼각기둥 철거 계획을 추진했다. 이에 대한 시민의 반발이 빠르게 확산되었다. 피폭자단체, 노동자단체, 예술단체, 시민단체 등이 일반 시민의 지원을 받아 새로운 기념물 제작 결정의 백지 철회를 요구하는 성명서를 발표하고 요망서를 제출했다. 또한 나가사키시

가 '원자폭탄 낙하중심비 제작업무 위탁'을 도미나가 나오키와 계약한 데 대해, 광범위한 단체가 결집해 '나가사키 원폭중심비 문제를 생각하는 시민연락회(長崎原爆中心碑問題を考える市民連絡会)'(이하 '시민연락회')를 결성해 서명운동을 전개했다. 원폭의 날인 8월 9일에는 전국에서 모인 사람들과 함께 원폭낙하중심비를 인간 사슬로 에워싸고 이를 지켜내자는 결의를 표명했다.

참고로, 도미나가 나오키는 기타무라 세이보의 제자이자 평화기념상의 제작에도 협력한 조각가이다.

도미나가는 9월에 받침대를 포함한 높이 9m의 모자상 복제품을 공개했다. 거대한 동상이 공개되자 반대론이 거세게 일었다. 비석을 인물상으로 바꾼 데 대한 비판뿐만 아니라, 장미꽃이 곳곳에 박힌 치마를 입고 아이를 품에 안은 여인의 모습은 성모마리아를 연상시켜 종교적 의미를 포함한다는 종교계의 비판까지 이어진 것이다.

시민연락회의 서명운동에 참여한 사람은 약 11만 명에 달했다. 서명지를 제출해도 계획이 철회되지 않자 12월 시의회에 원폭낙하중심비의 철거·이설 재검토를 요구하는 청원을 제출했다. 청원은 6월 의회에도 다른 단체로부터 제출되어 두 번째였는데, 시의회 의원 48명 중 청원 찬성 의원은 7명밖에 되지 않아 채택되지 않았다. '일사부재리'의 논리가 작용했다고는 해도, 시민의 압도적인 의견에 귀를 기울이지 않는 의회의 자세도 당연히 비판받았다.

원폭낙하중심비의 강제 철거가 임박했다고 의심되는 정세 속에서 새로운 문제가 발생했다. 반대 서명을 한 11만 명의 정보를 컴퓨터에 입력하여 분석한 사실이 드러난 것이다. '전자계산조직의 운영에 관련된 개인정보보호에 관한 조례' 위반일 뿐 아니라, 시장이 서명에 참여한 지인에게 따졌다는 사실까지 드러나 사태는 극도의 분규 상태로 빠져들었다. 시장은 비판을 견디지 못해 결국 시민연락회와의 회담에 응했고, 2차 회담에서는 "이해를 바란다"는 말로 시종일관했으나, 2월 1일 "현재의 중심비는 그대로 두고 새로운 기념물은 같은 공원 내 적합한 곳에 설치하겠다"며 방침을 전환했다.

정교분리의 원칙에서도 문제가 있었고, 1억5000만 엔이라는 거액을 들여 제작된 '모자상'은 중심비에서 멀지 않은 위치에 설치되어 현재도 그곳에 있다. 폭심지공원 내에 설치하는 데도 반대론이 강해 공원 내에서 철거하라고 요구하는 재판(나가사키 원폭중심지 재판)도 제기되었으나 패소로 끝났다. 행정 당국에 유리한 판결을 내린 행정소송의 전형이라 할 수 있다. 또 인물상을 가지고 원폭낙하 중심비로 삼는다는 발상은 평화기념상과 마찬가지로 부적절할 뿐 아니라, 관광상품을 목적으로 한 저급한 의도가 의심되었다. 덧붙이자면, 계획을 철회시킨 시민의 양식에서 평화기념상의 전철을 밟지 않겠다는 기개도 읽을 수 있다.

7. 야마자토소학교 방공호 터

옛 야마자토국민학교(山里國民學校, 현재 야마자토소학교)는 원자폭탄 낙하 중심지에서 600m 위치에 있으며, 교직원 32명 중 28명이 폭사하고 아동은 1581명 중 약 1300명이 폭사한 것으로 추정된다. 'ㄷ' 자형의 철근콘크리트 3층 건물인 교사(校舍)는 3층의 일부가 폭풍(爆風)에 붕괴하고 전소했다. 1947년에 3층 전부를 허물고 개축한 뒤 학교 건물로 사용하다가 1988년 전면 해체, 철거하여 신축하였다. 약간 높은 언덕 위에 서 있는 흰색 벽의 건물은 국도와 시내 전차에서도 보이는 거대한 피폭 유구였다. 피폭과 노후화로 인한 위험 때문에 재건축해 현재의 서양식 붉은 벽돌 건조물로 바뀌었다. 똑같이 괴멸적인 피해를 입은 시로야마소학교(城山小学校)의 경우는 재건축 전인 1979년에 학교 건물의 일부 보존에 대한 강력한 요구가 결실을 맺어, 현재 평화기념관이 만들어져 추체험의 공간으로 귀중하게 활용되고 있다. 그러나 야마자토소학교 재건축 때는 일부라도 보존하라는 강력한 요청의 목소리가 나오지 않았다. "일부 보존해야 했다", "보존운동을 전개했어야 했다"는 목소리를 종종 듣지만, 뒤늦게 후회해봐야 소 잃고 외양간 고치는 격일 뿐이다.

야마자토소학교에는 동쪽과 북쪽 벼랑에 18개의 방공호가 있었는데, 전후 '원폭을 생각하게 하며 평화를 염원하는 유구'로서 한 곳만을 남겨둔 채 메워졌다. 이 방공호는 "잠시 후 내가 방공호에서 밖

을 내다보았더니 운동장 한쪽에 사람이 휘감겨 있는 것 같았다"(『原子雲の下に生きて ― 長崎の子供らの手記』, アルバ文庫, 1995)라는 아동의 체험기를 읽어주며 평화교육에도 활용되었다. 그러나 2001년 3월~4월 '피폭건조물 보존정비사업'의 대상이 되어 정비된 까닭에, 입구 부분도 내부도 원형과는 너무 다른 형태로 변형되어 문제가 되었다. 이에 대해 몇몇 시민운동단체에서 "보존이라는 이름만 빌린 '파괴'라 할 수 있다"며, "[방공호로 사용되기에는] 작고 빈약한 형태, 그 취약함 때문에 오히려 유구 순례를 하는 젊은 세대에게 강렬한 인상을 남겼던 방공호를 가능한 한 원래의 모습에 가깝도록 다시 복원해줄 것"을 요청하는 요망서를 나가사키시에 제출했다. 그러나 시 측은 방공호 입구에 단을 설치하여 예전보다 높이 올라가도록 하고 양측에 돌담을 쌓고 강고한 아치형으로 다졌다. 또 내부도 분무도장을 했다. 정비 과정에서 주변의 두 방공호를 추가로 파내어 내부에서 서로 연결된 이 세 방공호는 모두 같은 모양으로 가공되었다.

시민들의 요청에 대하여 시의 총무과는 구두로 대응하며 "흰색 아치는 전부 빛이 바랬다, 허물어져 떨어질 우려도 있기 때문에 굳게 다졌다, 위에 담쟁이덩굴이 뻗어가도록 했다"고 답변했다고 한다. "적어도 갈색의 흙을 끼었어 인공초목을 덧입혀달라"고 요구하자 "과제로 삼겠다"고 답변하고는 그 뒤로도 방치했다. 시는 "원폭피재자료협의회(原爆被災資料協議會)와 상의하여 결정했다"고 하지만, "왜 피폭 유구를 남겨야 하는지에 관한 기본 이념이 결여되어

있음을 보여주는"(요망서) 엉성하기 짝이 없는 '보존정비사업'이라 지적하지 않을 수 없다.[22]

8. 특설 구호병원 터(신코젠소학교)의 해체

신코젠소학교는(新興善小学校)는 나가사키시의 중심부에 있어, 원폭 직후 사선을 넘나드는 다수의 피폭자를 수용하고 치료한 '특설 구호병원'으로 사용되었다. 치료라고는 해도 매우 빈약한 것이어서 사람들이 잇달아 죽어간 비참한 모습을 증언한 사례도 많고 사진도 남아 있다. 폭심지에서 약 3km 떨어진 이 소학교는 근린의 두 소학교와 통폐합되어 그 모습이 사라졌다. 그 터에 시립도서관을 건설하기로 결정된 것이 1993년의 일이다. 학교 건물의 일부 보존 방식이 본격적으로 이야기된 것은 그로부터 10년 후였는데, 2003년 3월 시의회 정례회에서 시장은 "일부 보존을 검토하겠다"고 발표했고, 원폭피폭대책부장이 "정문 근처에 있는 계단과 3층 교실 한 곳을 남겨 그곳에 현존하는 피폭 자료와 사진을 전시하고자 한다"고 답변

---

22 옛 야마자토국민학교의 방공호는 여러 사람이 긴급하게 몸을 피하고 생명을 구하기에는 크기가 매우 작고 협소했다. 정비사업 이전에는 입구도 수풀이 우거져 있었다. 원자폭탄이 폭발했을 당시 이곳으로 피난한 아이와 어른들이 겪었을 절체절명의 상황과 공포심을 떠올릴 수 있는 모습을 간직하고 있었던 것이다. 그러나 정비사업 후 훨씬 넓고 깨끗한 모습으로 바뀌어 과거 방공호를 떠올릴 수 없게 되었다.(옮긴이 주)

했다. 이러한 방침은 약 열 군데에 달하는 주변 자치회의 양해를 얻었다고 하는데, 그 후 "학교 건물 정문 부근이 구호병원 당시의 모습을 간직하고 있다고 판단해 그 부분을 보존하는 안이 부상"(『証言 ヒロシマ·ナガサキの声』第18集, 長崎の証言の会, 2004)했다. 이 안에 대하여 원래 교사(校舍) 보존에 소극적이던 자치회가 강력히 반발하여 10월에는 "피폭 건물은 보존하지 않고 진료실을 재현하여 전시"하는 것으로 시의 방침이 180도 전환되었다. 이 과정에서 시는 원폭피재자료협의회를 정식으로 개최하지 않고 각 위원에게 개별적으로 설명을 하며 승낙을 얻었다. 절차상에 문제가 있었던 것이다. 동협의회는 원칙적으로 언론 동석하에 개최되는데, 협의회가 개최되지 않은 탓에 결국 언론 보도가 늦어졌고 결론만이 갑작스레 시민에게 날아들었다.

위원들을 개별 접촉한 것은 정식 회의에서 방침을 전환하기가 쉽지 않다고 판단한 변칙 행위였을 것이다. 회의에서는 다양한 의견이 나오는 가운데 초기 방침을 견지하는 쪽으로 결론 날 가능성이 있고, 방침 전환이 승인되었다 하더라도 심의 결과가 신속하게 보도되었다면 여론이 반발해 시에서도 재검토를 할 수밖에 없었을지 모른다.

'원폭에 피폭된 학교 건물이 남아 있는 시립도서관'이라는 독특한 존재를 세계를 향해 알릴 수 없게 된 손실은 헤아릴 수가 없다. 초기 방침은 자치회도 한 번 인정한 것이었기 때문에 강경하게 반대할 수는 없었을 것이다. 시장이 종합적으로 유연한 판단을 내리지 않고, 전면적인 방침 전환을 고집한 데 중대한 과오가 있었다고 하지 않을 수 없다. 이 과오는 시장 자신의 '신념'에도 반하는 모순이었다. '피폭 역사의 계승과 세계로의 전달'은 나가사키시의 사명이라 하며, "피폭자의 증언은 귀중하지만 고령화에 따라 한계가 있기 때문에 물질적인 증언을 조금이라도 후세에 남기고자 하는 것이다. 나가사키의 거리마다 새겨진 역사에서 원폭을 지워서는 안 된다"(앞의 책)고 시장 자신의 소신을 밝힌 바 있기 때문이다. 게다가 신코젠소학교는 시의 '피폭건조물취급기준'에 의해 B등급(피폭의 흔적이 인정되는 것, 또는 흔적이 인정되지는 않더라도 당시의 사회적인 상황을 시사하는 것)으로 자리매김되어 보존 대상으로 여겨졌기 때문에 해체·철거는 이 기준을 지키지 않은 위반 행위였다. 신코젠소학교는 두말할 것도 없이 "당시의 사회적 상황을 시사하는" 최고 가치를 지닌 건조물이었다.

보존을 강하게 요구하던 일부 시민들은 방침 전환에 충격을 받고 즉시 행동에 나섰다. 시의회에 진정을 넣고 청원을 하고, 시장과 교육장에게 요망서와 공개질의서 등을 연달아 보냈다. 그러나 전부 부결되거나 관료적인 답변만 받은 채 2003년 12월 시의회 결의(학교 건물 해체와 그 예산 가결)를 뒤집지 못했다. '나가사키 증언회'를 비롯하여 많은 시민단체가 결집한 '연락회'의 보존을 요구하는 운동은 서명운동과 농성, 학교를 둘러싼 인간 사슬 형성 등 생각할 수 있는 모든 방식을 동원하며 전개되었으나 이듬해 4월, '특설 구호병원

터'의 해체가 시작되었다. 5월에는 결국 정문 부근의 교실도 필사적으로 항의하는 시민의 눈앞에서 거센 파괴음과 함께 해체가 강행되었다. 현재 시립도서관은 이용자들로 붐비지만, 내부에 위치한 [원자폭탄 피폭 직후 상황에 대한] '재현 진료실'은 찾는 이가 별로 없다.

이 보존운동이 원폭낙하중심비 보존운동 때만큼 달아오르지 않았던 것도 사실이며, 그 원인도 다양하게 지적된다. 피폭의 흔적에 중점을 두는 시민 감정이나, 유구 보존보다도 눈앞의 도시재개발을 더 중시하며, '기준' 준수에 불성실하고, 유구 보존의 인류사적 사명을 시민에게 솔선하여 호소하지 않는 무책임한 행정만을 일삼는 시와 시의회, 유구 공간의 중요성에 대한 인식 부족 등 여러 가지 원인이 복합적으로 작용하여 과거에도 중요한 피폭 유구가 잇달아 사라졌다. 그러나 나가사키 시장의 판단이 절대적인 결정력을 가진 행정 시스템에 최대의 문제가 있다. 핵무기 폐기와 영구 평화를 세계에 호소하며 매년 여름마다 발표하는 '평화선언'에도 명백히 반하는 결과를 불러온 시장의 책임은 매우 크다.

9. 미쓰비시 병기제작소 스미요시 터널 공장 터

지금은 부도심의 번화함을 보여주는 나가사키 스미요시마치(住吉町)의 동북쪽 고지대(폭심지에서 2.3km)에는 전차의 종점 아카사코(赤迫)까지 6개의 터널이 지하를 관통하고 있다. 각각 높이 3m, 폭 4.5m, 길이 300m로 굴착된 터널은 약 12.5m 간격으로 놓여 있다. 이곳은 미쓰비시 나가사키 병기제작소 오하시 공장(三菱長崎兵器製作所大橋工場, 현재 나가사키대학 본부 캠퍼스)을 소개(疏開)한 공장 터로, 원폭 피폭 당시 1호와 2호 터널은 이미 가동 중이었는데 직원, 공원(工員), 여자정신대, 학도 등 약 1000명이 어뢰 생산을 하고 있었다. 3호와 4호는 (완공 후) 미사용 상태, 5호와 6호는 약 800명의 조선인이 굴삭 공사 중이었다. 조선인 대부분이 강제 연행이었다는 사실은 '인권을 지키는 모임'의 실태조사에 의해 밝혀졌다(『원폭과 조선인』제1집). 피폭의 참상을 이야기하는 증언도 다수 있으며, 강제 노동을 언급한 조선인의 증언도 있다. 이 터널은 단순한 피폭 유구가 아니라 일본의 조선 침략과 침략전쟁을 고발하는 귀중한 전쟁 유구이기도 하다.

이 터널의 굴삭은 1944년 9월에 개시되어 이듬해 4월에 2개를 완성했다. 분명 혹독하게 강행된 공사였다. (터널은) 부상을 당한 원폭 피해자의 일시적인 피난소가 되기도 했지만, 공사를 하다가 죽은 사람도 헤아릴 수 없이 많다. 게다가 "조선에서 징용으로 오게 된 노동자들은 주로 야외 작업에 종사했다. 그날도 폭염으로 인해 상반신을 벗고 일했다. 정통으로 열선과 폭풍의 타격을 받은 것이다. 물집이 생긴 등, 아래로 늘어져 처진 피부, 피범벅이 된 얼굴을 떨면서 '아이고'라고 울며 떼 지어 있었다. 공장 내로 들어가지 못하고 도움을

구하는 눈빛에는 원망이 담겨 있었다"(白井秀雄・相原秀次, 『原爆前後』, 朝日新聞出版, 1983)는 기록처럼, 원폭 직후 처참한 생사의 갈림길에서조차 차별받고, 자신이 판 터널에조차 들어가지 못한 조선인이 많았다는 사실을 알아야 한다.

미쓰비시는 그 병기제작소에 대하여 "이번 대전에서 사용한 어뢰의 8할이 당사 제작이었던 점, 전투원이 앞다투어 당사가 제작한 어뢰를 희망했다는 사실은 당사의 노력과 제품의 우수성을 증명하는 것으로서 새삼 감개무량한 점이 있다. 그러나 (…) 마침내 쇼와 20년(1945년) 8월 원폭 제2호에 의해 우리나라 어뢰 사상 위대한 공적을 남긴 나가사키 병기제작소도 일순간에 말살된 것이다"(『三菱重工業株式会社史』, 三菱重工業株式会社社史編纂室編, 1956)라고 자랑하듯이 기술하고 있다. 반성할 줄 모르는 이 같은 태도를 묵인해서는 안 된다.

일찍이 이 터널의 보존을 부르짖은 것은 오카 마사하루였다. 그는 1982년 3월 시의회 정례회 일반 질의에서 전술한 '기바치료'와 함께 (터널의) 보존을 시장에게 요구했다. 그러나 시는 이를 무시했다. 당시 터널은 인접한 건축용 석재 공장의 자재 하치장이 되어 있었는데, 약 10년간은 견학자를 막지 않다가 석재 공장 이전과 동시에 대문을 설치하고 잠가두어 내부로 진입할 수 없게 되었다. 1993년 무렵부터 시민들이 유지・보존운동을 시작했지만 내부 붕괴 등의 위험성이 드러나 운동의 기세도 점차 꺾였다. 1998년에 이르러서야

원폭피재자료협의회에서 1호, 2호 터널만 밖에서 안을 들여다볼 수 있는 형태로 보존해 공개하고 바깥에는 안내판을 설치하기로 결정했는데, 나가사키시는 2006년 9월 동 협의회에서 다시 승인될 때까지 아무런 구체적인 방안도 마련하지 않았다. 시는 원래 터널 위 도로 확장 공사에 부속된 시책으로 터널 공사를 진행할 예정이었는데, 2007년 5월에 공사가 시작된 후 그때까지 건물 안쪽에 있어 보이지 않았던 터널 4개도 모습을 드러내 보존과 공개 문제가 다시 긴급하게 떠올랐다. 그리하여 '스미요시 터널의 보존과 활용을 생각하는 시민모임(住吉トンネルの保存と活用を考える市民の会)'(이하 '시민모임')이 결성되었고 시와 협의를 거듭했다. 시민모임은 터널의 전모를 상시 공개하고 내부에 자료 전시 및 영상 기구(비디오나 DVD 플레이어)를 설치하라고 요구하며 시의 방안 마련을 촉구했다. 그 결과, (먼저) 1호(외부에서만 견학 가능)와 2호 터널에 한정해 공개하는 데 합의했다. 상시 공개에 대하여는 대립이 계속된 끝에 시의 인정을 받은 '평화안내인'이 동행하는 경우에만 수시 내부 견학이 가능하게 하는 타협안을 시민모임 측이 제시했고, 2008년 11월에 시도 동의했다. 시의 소유권이 입구에서 8m까지의 도로 밑으로 국한되었기 때문에, 더 안쪽의 활용은 어려움이 있어 조명을 설치하는 데 그치겠다는 시의 의향을 받아들일 수밖에 없을지도 모른다. 그 경우 발생하는 문제는 내부 8m보다 더 들어간 안쪽 공간과 벽면을 어떻게 활용할 것인가에 있다. 시는 주변에 안내판을 두는 것에는 동의

하고 있기 때문에, 그 내용과 전시 안내판 등을 통한 역사 인식의 심화가 향후 과제로 남아 있다. 피폭 당시의 상황뿐 아니라, 전쟁책임, 가해책임을 명확히 해설하고 유구를 통하여 배우는 평화 학습의 장으로 삼아야 한다.

나가사키의 평화 활동에는 '기도'를 뛰어넘는 적극성이 있다는 평가가 정착된다면, 그것은 장기간에 걸쳐 전개된 광범위한 시민운동에 힘입은 바가 크다. 그런 의미에서도 스미요시 터널의 보존과 활용 방식은 그 적극성의 시금석이라 할 중요한 과제다.

이후 덧붙인 글
'강제 연행'이라고 명기되지 않은 안내판

스미요시 터널 공장 터는 2010년 3월 30일, 일반에 공개되었다. 나가사키시가 설치한 안내판에는 조선인 노동자에 대하여 "강제로 동원된 사람도 있는데, 터널의 굴삭 공사에서 가혹한 노동에 종사했다"고 쓰여 있다. 이는 '강제 연행'이라고 명기하기를 거부해온 시 측이 '강제 동원'이라는 시민모임 측의 타협안을 받아들인 결과다. 한국에서도 '강제 동원'이라고 표현되는 게 사실이지만, 일반 공개에 맞춰 터널을 방문한 김종기 씨가 굴삭 공사와 원폭 피폭의 참혹한 체험을 회상하면서 "강제 연행이라고 표현하지 않으면 불충분하다"고 말씀하신 일은 잊을 수 없다.

10. 사라진 평화공원 입구의 방공호

2011년 10월, 평화공원 입구로 올라가는 계단 우측에 4개의 방공
호가 인접해 있는 것이 발견되었다. 나가사키시가 에스컬레이터 설
치 공사를 하다가 발견한 것으로, 계획대로 공사를 하면 2개는 보존
불가능한 위치에 있었다. 폭심지에서 고작 100m밖에 안 되는 지점
에서 방공호가 발견되었다는 정보가 흘러나오자, '평화공원의 피폭
유구를 보존하는 모임(平和公園の被爆遺構を保存する会)'을 선두로
해 전면 보존을 요구하는 시민운동이 금세 일어났다. 이는 귀중한
피폭 유구를 소멸시키지 말라는 다년간의 호소일 뿐 아니라, 폭심지
에서도 목숨을 구한 장소인 방공호의 중대한 의미를 호소하는 것이
기도 했다.

미국전략폭격조사단(United States Strategic Bombing Survey, USSBS)
의 보고서에는 "튼튼하게 만들어진 방공호는 히로시마에서도 나가
사키에서도 원폭을 견뎌냈다"고 명기한 부분이 있다. 전후 냉전 시
기 미국은 횡혈식 방공호가 원폭 공격의 폭심지에서도 인명을 보호
했다는 조사 결과에 대해 대단히 의미 있는 "나가사키의 교훈"이라
며 그들의 핵 대피소 건설 촉진을 도모한 사실이 있다. 그러나 나가

사키시는 동년 12월, 전면 보존을 요구하는 시민의 절실한 바람을 거절하고 당초 계획대로 공사하기로 결정했다. 내부에서 연결되어 있는 3개의 방공호 중 첫 번째는 완전히 메워 그 모습이 사라졌고, 두 번째 것은 내부에 콘크리트로 벽을 만들어 입구에서 50cm밖에 보이지 않는 상태가 되어버렸다.

방공호를 파던 중에 목숨을 건졌다는 귀중한 증언(원폭 투하 직전에 공습경보를 해제한 잘못은 아무리 비난해도 모자라지만)도 있지만, 폭심지의 방공호가 미국의 핵 대피소 정책의 출발점이 된 사실에 주목하면 단순히 피폭 유구로서만이 아니라 원폭 사용을 반성하지 않고 핵 대피소의 설계와 보급을 추진한 미국의 전략에 대해서도 깊이 생각하게 하는 전쟁 유적으로서 전면 보존해야 마땅했다. 나가사키시는 평화교육을 위한 절호의 장소가 될 수 있었던 유구 유적의 대부분을 어둠 속에 묻어버리고, 구조상의 전체적인 가치를 이해할 수 없게 만든 것이다. 우라카미 성당을 해체, 철거한 실책조차 반성하지 않은 채 다시금 원폭 은폐와 전쟁 은폐를 부끄럼 없이 추진하고 있다.

11. 덧붙이는 말

필자는 특정비영리활동법인(NPO) '오카 마사하루 기념 나가사키 평화자료관'의 설립(1995년)이래, 이사장을 맡고 있다. 본 자료관은 한국 · 조선인 원폭 피해자, 침략과 '황민화', 강제 연행, 일본군 '위안부', 난징대학살, 731부대, 전후 보상 등의 코너를 설치하고, 근대 일본이 저지른 아시아 각국에 대한 가해책임을 고발하고 있다. 이 평화자료관은 관광지로 유명한 '26성인순교지'에서 걸어서 1분 거리에 있으며, 수학여행 온 학생을 중심으로 연간 약 5000명의 관람객이 찾아오는데, 나가사키시는 도로변에 다수 설치된 안내 표지에 자료관을 추가해달라는 요청을 거절하고 있다. 전쟁 · 원폭 기념물의 보존에도 많은 문제가 있지만, 원폭 투하의 배경인 가해의 역사에 더욱 거센 거부 반응을 보이고 있다는 증거 중 하나다.

● 이 글은 2009년 7월, 가고시마에서 열린 국제학술대회 〈동아시아에 대한 일본의 전쟁 기억(東アジアに対する日本の戦争の記憶)〉(주최자 대표 리쓰메이칸대학교 서승 교수)에서 발표한 논고에 약간 가필을 한 것이다.

● 수록:『원폭과 방공호』간행위원회(「原爆と防空壕」刊行委員会) 편, 『원폭과 방공호-역사가 들려주는 나가사키의 피폭 유구(原爆と防空壕 ― 歴史が語る長崎の被爆遺構)』, 나가사키신문사(長崎新聞社), 2012년.

나가사키와 조선인 강제 연행

조사 연구의 성과와 과제

시작하며

'나가사키 재일조선인의 인권을 지키는 모임(長崎在日朝鮮人の人權を守る会)'(이하 '인권을 지키는 모임')은 1981년, 나가사키에서부터 한국·조선인 원폭 피해자 실태조사를 실시했고, 그 조사 결과를 정리해『원폭과 조선인』제1집(1982년)부터 제5집(1991년)까지 간행했다. 나도 '인권을 지키는 모임'의 회원 중 한 사람으로서 처음부터 조사에 참여했고, 이어 사가현(佐賀縣)의 실태조사에도 착수해 3년 후인 1994년, 나가사키현에서 빠진 내용을 보충한 제6집을 간행했다.

그러나 얼마 지나지 않아 미쓰비시 조선소의 조선인 강제 연행

의 정확한 인원수가 판명되어 2028명을 추가할 필요가 생겼다. (뿐만 아니라) 1990년대에 들어서 일본 정부는 전시 중 조선인 노동자에 관한 공적(公的) 자료를 한국 정부에 점차 제공하기 시작했는데, 그 일부를 우리 모임에서도 입수하게 되었다. 그 가운데 나가사키현 지사가 1946년 7월 24일 자로 노동성 근로국(労働省 勤労局)에 보낸 「조선인 노무자에 관한 조사의 건(朝鮮人労務者に関する調査の件)」이 포함되어 있었다. 확인 결과 이 문서에는 1942년 이후에 개시된 재일조선인 징용자 수(추정 800명)가 누락되어 있어, 종래의 내용을 대폭 수정해야 했다.

새롭게 알게 된 정보들로 나가사키 조선인 원폭 피폭자의 실태조사를 종합적으로 재정리할 단계에 이르렀다고 생각하던 참에, 추적조사를 더 이상 미룰 수 없는 또 다른 중대한 자료를 만났다. 허광무 씨의 논문『히로시마·나가사키 조선인 원폭 피해에 대한 진상조사 ― 강제 동원된 조선인 노무자를 중심으로』(2011년)가 발행되었기 때문이다. 허광무 씨는 한국의 정부 기관인 '대일 항쟁기 강제 동원 피해 조사 및 국외 강제 동원 희생자 등 지원위원회'(이하 '지원위원회')의 중심적인 조사 연구원으로서, 발행된 논문에는 우리가 처음 알게 된 사실이 다수 있었다. 충격과 동시에 추적조사의 필요성에 직면했다.

먼저, 미쓰비시 조선소의 수용 숙소로서 이나사료(稲佐寮) 및 마루야마료(丸山寮)의 존재를 처음 알았다. 그 위치와 규모 등의 실태를 심층 조사할 필요가 있었다. 이어 소규모의 수용 숙소로 간주된 고가쿠라료(小ヶ倉寮)는 9000명을 수용할 수 있는 광대한 규모였다는 증언이 나와, 잘못된 부분을 고치는 최대한의 노력을 기울여야 했다. 피폭자 수에 대해서도 중대하고 근본적인 재검토가 필요했다. 나가사키의 경우, 히로시마와 달리 인근 이도(離島)에서 강제 노동에 동원된 조선인들이 원폭 후 사체와 잔해 처리에 동원되어 대량으로 나가사키 시내에 들어왔다가 피폭(入市被爆)된 사실이 지적되었기 때문이다. 허광무 씨는 또한 히로시마와 나가사키로의 강제 연행은 일본이 패전하기 7년 전에 격증했다는 자료도 제시했다. 다시 말해, 히로시마현 내 재주한 조선인 인구는 1938년 2만4878명에서 1945년 8만4886명으로 3.4배, 나가사키현은 8852명에서 6만1773명으로 7배가 증가했다. 이는 홋카이도(8배)와 후쿠오카현(3.4배)을 제외하면 다른 부현을 크게 상회하는 증가율이며, 그 요인은 미쓰비시중공업을 비롯한 군수산업에 있었다.

'인권을 지키는 모임'은 본격적으로 추적조사를 시작해 그 결과를 정리한 『원폭과 조선인』 제7집을 간행했다. 제6집을 발행한 이후 20년 만의 일이다. 아직도 추적조사를 필요로 하는 명확하지 않은 부분이 조금 남아 있지만 실태조사로서는 거의 완료되었다고 자부한다. 그것은 한국 측 '지원위원회'의 허락을 받아 피해를 진술한 나가사키 강제 연행 피해자의 증언을 요약 번역하여 게재할 수 있었기 때문이기도 하다. 그 성과는 컸고 우리에게도 행운이었다.

참고로, '인권을 지키는 모임'은 하시마(군함도)의 세계유산 등재를 목표로 한 운동이 고양된 시기에 하시마에서 있었던 조선인과 중국인의 강제 연행과 강제 노동의 역사를 세계에 알리고자, 『군함도에 귀를 기울이면(軍艦島に耳を澄ませば)』이라는 제목으로 하시마에 관한 조사 연구 총괄서를 2011년 사회평론사(社会評論社)에서 펴내기도 했다.[23] 이 출판을 준비하는 과정에서 한국에 거주하는 생존자 3명을 직접 찾아가 하시마에서의 가혹한 노동과 열악한 생활 환경에 관한 증언을 들었고, 세계유산 등재에 대한 솔직한 의견을 청취하여 책에 담았다.

　본 논고는 '인권을 지키는 모임'의 이러한 조사 연구의 축적에 기반하여, 나가사키현에서 있었던 조선인 강제 연행과 강제 노동의 실태를 증언을 통하여 구체적으로 제시하고, '메이지 일본의 산업혁명 유산'을 세계문화유산으로 등재하는 문제에 대해서도 언급하고자 한다.

1. 강제 연행

조선인 강제 연행은 1939년 각의 결정 '노무 동원 실시 계획'에

23　한국에서도 같은 제목으로 2017년 선인출판사에서 간행되었다.(옮긴이 주)

포함된 '조선인 노무자 내지 이주에 관한 건'(동년 7월, 내무·후생 양차관 통첩)에 따라 시작되어, '모집', '관 알선'(1942년 2월 이후), '징용'(1944년 8월 이후)의 3단계를 밟으며 강화되었다. 인권을 지키는 모임의 실태조사에 의해 밝혀진 각 단계의 주요한 실례(증언)는 다음과 같다.

'모집'이라는 이름의 강제 연행

'모집'의 최대 특징은 감언이며, 한결같이 사기와 유괴죄가 성립되는 불법행위였다. 여기서는 모집이라는 명목에 의한 강제 연행의 생생한 증언으로 사가현의 기타가타 탄광(北方炭鑛)으로 연행되었던 구시다 유(櫛田優) 씨(1929년 5월 29일생)의 이야기를 먼저 소개하고 이어서 '관 알선' 시기에도 계속되었던 '모집'에 의해 미쓰비시 나가사키 병기제작소의 스미요시 터널 공사에 남편과 함께 연행된 석임순 씨(1925년 11월 3일생)의 증언을 소개한다. '모집'에 의한 강제 연행은 내무성 경보국의 통계 자료(『원폭과 조선인』 제1집, 5쪽)를 바탕으로 하면, 약 1만7000명으로 추정된다.

이 기타가타 탄광을 비롯하여 많은 탄광은 남(조선)에서 끌려온 사람이 많은데, 나는 평양 시내 한복판에서 왔다. 그때 나와 함께 온 사람 수는 100명이다. 기타가타 탄광의 노무계가 와서 "일본에 가면 놀면서 밥도 배불리 먹을 수 있다"고 좋은 이야기만 했다. 처음에는

나도 "안 간다"고 버텼지만 좋은 말만 자꾸 늘어놓으니 결국 그 이
야기에 혹해서 "(일본에) 가겠다"고 답해버렸다. 부친은 한의사였고
나도 한방을 다룰 줄 알았다. 이것은 일본에서 도움이 되었다. 나는
장남인데 누나 둘에 남동생이 있었다. 그때 부친은 "너, 꼭 가야만 하
겠니?"라고 나를 심하게 꾸짖으시고는 따귀를 때리셨다. 그러나 나
는 "남자가 한번 말했으면 무조건 간다"고 답했다. (…) 어쨌든 '모
집'이었다. 1941년 9월 16일에 이 기타가타 탄광에 도착했다.

— 출전①, 제6집 77~78쪽

　　결혼하고 얼마 지나지 않은 1943년 11월경에 동네 경찰관이 처음
보는 일본인 한 명을 데리고 왔습니다. 그 사람은 "일본에서 일할 사
람을 모집하러 왔다, 돈을 많이 준다"는 달콤한 말로 사람을 모았습
니다. 그리고 남편에게는 "터널을 파는 공사 현장에서 일하면 20엔
을 준다"고 했고, 저에게는 "목면으로 군인의 옷을 만드는 일을 하면
10엔을 준다, 일본에 가지 않겠나?" 하고 강하게 권했습니다. 우리
는 매일의 생활이 어려웠던 시절이라 깊이 생각해본 끝에 일본에 가
기로 결심하고, 이야기가 나온 후 사흘 뒤에 고향을 떠나서 부산으로
향했습니다. 그러나 우리는 자유로운 상황 속에서 일본행을 결정한
것이 아닙니다. 일본에 가지 않으면 시댁 쪽 식구들이 관리들에게 괴
롭힘을 당할 것 같아서 절반은 싫다 싫다 하면서도 일본에 갈 수밖에
없었습니다.

― 출전①, 제6집 217쪽

'관 알선'이라는 이름의 강제 연행

'관 알선'에는 영장이 없었다는 사실을 밝히기 위해, 가와나미공업(川南工業) 고야기시마(香燒島) 조선소로 강제 연행된 장순배(張瞬培) 씨(1923년 6월 28일생)의 증언을 소개한다. '관 알선' 시기의 강제 연행자 수는 약 3만1270명으로 추정된다.

아버지가 배를 사서 아버지와 형, 저 세 사람이 어부일을 하며 생활했습니다. 징용장(徵用狀)이 온 것이 아닙니다. 마을에는 면장이 있습니다. 이순옹이라는 사람이 우리에게 징용 영장이 나와 있다는 이야기를 하러 왔습니다. 그 이야기를 진짜로 알고 형과 제가 녹동 면장에게 가니 금산면, 도양면에서 온 사람들이 전부 모여 있었습니다. 형은 일본의 홋카이도 노무자로 갔고, 저도 징용을 가게 되었습니다. (…) 대전에서 기차를 갈아타고 부산으로 갔습니다. 그때부터 대대장이 같이 탔습니다. 기차는 객차가 아니라 앉을 의자도 없는 화물차였고, 엄중한 감시를 받아 한 사람도 도망칠 수 없었습니다.

― 출전①, 제7집 168~169쪽

국민징용에 의한 강제 연행

'관 알선'은 사실상의 명령이기는 해도 법적 구속력은 없었다. 징병령과 마찬가지로 출두 일시와 장소를 영장으로 지정하는 징용 방식(1944년 9월)으로 전환한 것은 최후의 수단이었다. 그러나 징용만을 강제 연행이라고 보는 시각은 '모집'이나 '관 알선'을 고의적으로 축소하는 잘못을 범하는 것이다.

"징용은 도망칠 수 있다"는 말처럼 강제 연행을 필사적으로 피하려고 했던 사례도 끊이지 않았지만, 그마저도 관헌의 추적 때문에 쉽게 도망칠 수 없었다. 전후 보상 재판의 선구가 된 김순길 씨는 영장을 보고 외가로 도피했으나 수색에 나선 관헌에게 붙잡혀 구타를 당하고 머리까지 빡빡 깎여 미쓰비시 나가사키 조선소로 끌려왔다고 필자를 포함한 소송 지원자들에게 말했다. 원래 이것은 체포나 기소 등의 직무권한을 넘어선 위법한 인도이며, 위법행위도 '직무'라고 생각하는 무법 상태였음을 증명한다. 또 재일조선인에 대해서는 1942년부터 이미 '국민징용령'이 적용되었다. 여기서는 하시마(군함도)에 징용된 박준구 씨(1920년 1월 3일생)에 이어, 재일조선인에 대한 강제 연행의 사례로서 김성수 씨(1925년 11월 14일생)의 증언을 소개한다. 국민징용에 의한 강제 연행은 약 1만2440명으로 추정된다.

1944년 겨울, 음력 11월에 마을 이장이 징용 영장을 가지고 왔다. 당시에도 이 마을에 양친과 형제자매 8명 가족이 함께 살았는데, 장남인 내가 강제 연행되었다. 나중에 바로 밑의 동생도 홋카이도로 징용되어 아버지가 "왜 둘째 아들까지 징용해 가냐"고 이장에게 항의를 했다고 들었다. 그 남동생은 귀국한 후 죽었다. 권력이나 돈, 연줄이 있는 사람은 제외되고, 나처럼 학교교육도 받지 못하고 가난한 사람들이 징용되었다. (…) 나가사키에 가는 것만 알려주었을 뿐, 좋은 곳이라고 했다. 미쓰비시라는 이름은 듣지 못했다. 나가사키에 도착하자 서너 줄로 조를 짜게 하고 총을 가진 경관이 따라붙어 부두까지 걷게 했다. 도저히 도망칠 수 없는 상황이었다. 50명, 100명으로 나뉘어 작은 배에 태워져 도착한 곳이 하시마였다.

— 출전②, 54쪽

내가 태어난 곳은 경남 남해다. 소학교를 졸업하고 일본 오무타(大牟田)로 갔다. 학교 선배의 외숙부가 과자점에서 일하고 있었는데, 산유도(三友堂) 주인이 "너처럼 성실한 아이가 있으면 소개해달라"고 했던 모양이다. 내가 추천을 받아 학교를 졸업하고 열네 살이던 1938년 4월에 일본으로 건너가 후쿠오카현 오무타의 '산유도'라는 과자점에서 일을 하게 되었다. 그 무렵에는 일본에서 불러 여행증이 나오면 비로소 연락선을 탈 수 있었다. (…) 1943년에 종이한 장이 날아들었다. 이만한 종이에 붉은 선이 하나 그어져 있고, 본적, 이름과 나가사키현의 나가사키역으로 며칠 몇 시까지 도착하라고 쓰여 있었다. (…) 스스로 교통비를 지참하고 기일에 맞춰 도착해야 했다. 총동원령의 시기였기 때문에 징용장에 따르지 않으면 붙잡혀 벌금을 부과받았다. 나가사키역 광장에 도착하자 미쓰비시 조선소에서 직원이 나와 있었다. (…) 미쓰비시 조선소에 그때 함께 징용된 사람은 일본인도 있었지만, 300명의 한국인이 있었다. 한국 사람은 제1차 징용이라고 했다. 아직 한국에서 온 사람은 없었고 일본에 살고 있던 한국 사람뿐이었다. 미쓰비시 조선소가 조선인을 징용하려면 조선인의 심리도 알아야 했기 때문에, 일본에 있으면서 일본어를 잘하고 학력도 있는 300명을 골라 모은 것이다. 그리고 어떤 교육을 하면 조선소에서 일을 잘 시킬 수 있을까 실험을 하기 위해 전국에서 재일조선인을 모아온 것이다.

— 출전①, 제7집 102~104쪽

사할린에서 석탄을 수송하는 일이 해상의 위험으로 곤란해지자, 일본 정부는 1944년 8월 탄광노동자를 규슈, 후쿠시마현, 이바라키현(茨城縣)으로 전환 배치하기로 결정했다. 미쓰비시광업은 약 1000명의 조선인 노동자를 다카시마, 하시마, 사키토로 전환 배치했다. 이를 '이중징용'이라 부른다. 다카시마에 235명, 하시마에 약 200명, 사키토에 520명이 배치되었다. 사할린에서는 가족을 불러들여 함께 살았던 사람도 많았으나, 패전 후 일본 정부는 일본인만을 본국으로 인도하고 조선인은 방치했다. 이중징용된 조선인은 귀국 후에도 사할린에 남아 있는 가족과 생활할 수 없었다. 재회하기 위한 다양한 노력도 수포였고 가혹한 이별을 강요당했다. 전전뿐 아니라 전후에도 계속된 일본 정부의 무책임을 보여주는 사례로서 피해자의 증언에 귀를 기울이고 가슴에 깊이 새겨야 한다. 여기서는 하시마에 이중징용된 황의학 씨(1921년 5월 1일생)의 증언을 소개한다.

나는 사할린에도 갔고, 사할린에서 다시 규슈, 하시마로 갔다. 아내가 사할린으로 들어온 지 8일 만이었다. 사할린에 남겨진 아내는 해방되던 해 4월에 혼자 딸을 낳았다. 해방 때 왜놈이 사할린의 처자식을 한국으로 꼭 보내준다고 말했기 때문에, 그것을 믿고 나는 먼저 한국으로 귀국했다. 그 후 사할린과는 연락도 두절되었다. 사할린에서 태어난 딸은 지금은 하바롭스크의 극단에 있고 62세가 되었다. (…) 일제 시기 사할린을 가라후토(樺太)라고 불렀다. 나는 1942년에 가라후토에 갔다. 그때 22세인가 23세였다. 17세 때 두 살 연상의 아내와 고향에서 결혼했다. 결혼한 후 3년 동안 양친과 함께 생활하다가, 결혼 7년째에 집에 아내를 남겨두고 나는 일하러 나오기로 했다. (…) 도로(塔路) 탄광에서 2년간 일했는데 일에 익숙해진 3년째에 도로 탄광이 문을 닫았고, 우리 일하던 사람들은 일본 본토로 징용 보내졌다. (…) 근처에 다카시마가 있고 이것도 미쓰비시가 운영하는 탄광이었는데, 우리는 다카시마에 가는 사람과 하시마로 가는 사람으로 나뉘었다.

—출전①, 제7집 240~242쪽

2. 강제 노동

강제 노동의 실태를 말해주는 증언도 셀 수 없을 만큼 많지만, 탄광, 조선소, 터널 공사, 사할린에서 온 이중징용의 경우로 나누어 증언을 따라가본다. 강제 노동과 급여, 의식주의 열악한 환경 및 무책임한 의료 체제가 밀접한 관계를 맺고 있는 점에 주목할 필요가 있다.

탄광의 실례

'관 알선' 시기에 열네 살의 나이로 하시마(군함도)에 강제 연행되고, 미쓰비시 조선소로 전환 배치되어 원폭에 피폭된 서정우 씨(1928년 10월 2일생)의 증언을 소개한다. 그는 강제 연행 문제뿐 아니라 원폭 피해자 문제에서도 여론을 환기하는 데 온 힘을 쏟았으며, '인권을 지키는 모임'의 은인이라고도 할 수 있다. 2001년 8월 1일 타계하셨다.

이 바다 아래가 탄광입니다. 엘리베이터를 타고 땅속 깊이 내려가 입갱(立坑)을 하면, 거기는 석탄을 계속 옮겨야 하는 곳이라 넓었지만 굴착장으로 들어가면 너무 좁아 엎드려서 일을 해야 합니다. 덥고 괴롭고 지친 나머지 졸음이 오고, 가스도 차고, 낙반 사고의 위험도

110

있고 해서, 이대로는 살아서 돌아갈 수 없겠구나 생각했습니다. 낙반으로 한 달에 네다섯 명은 죽었을 겁니다. 지금처럼 안전을 중시하는 탄광이 전혀 아니었습니다. 이런 중노동을 하는데 식사는 콩깻묵 80%에 현미 20%를 섞어 지은 밥에, 정어리를 통째로 으깬 것이 반찬으로 나왔습니다. 저는 매일 설사를 하고 엄청나게 쇠약해졌습니다. 그래도 일을 쉬려고 하면 감독이 와서는…, 그 진료소가 당시에는 관리사무소였으니까 그곳으로 데리고 가서 막 때리는 겁니다. 아무리 힘들어도 "네, 일하러 가겠습니다"라고 말할 때까지 때립니다. "맘대로는 안 돼"라는 말을 몇 번이고 들었습니다. (…) 군함도니 뭐니 하는데 저에게는 절대 도망칠 수 없는 감옥 섬이었습니다.

— 출전①, 제2집 71~72쪽

조선소의 실례

미쓰비시 조선소의 강제 노동 실태는 김종술 씨(1922년 2월 5일생)와 김한수 씨(1918년 12월 22일생)의 증언을 통해 고발한다.

저는 조선소에서는 4년간 배 몇 척을 만들었습니다. '항공모함'도 만들었습니다. 비행기가 2층에 전부 들어갈 정도로 규모가 컸습니다. 대포나 기관총도 싣고 비행기 폭탄도 싣고, 배는 7층 높이였습니다. 내부는 곳곳에 구멍이 있어 발을 잘못 디뎌 떨어지면 크게 다칩니다. 감전되거나 추락해서 죽는 사람이 속출했습니다. 바쁠 때는 주야 2교대를 했습니다.

— 출전①, 제7집 98~99쪽

구리공장에서 파이프를 구부릴 때 체인이 끊어졌습니다. 튄 파이프에 제 다리 정강이가 맞고 부상을 입어 미쓰비시 병원에 갔습니다. 저는 발가락이 골절되었지만 병원에서는 주사를 놔준 게 전부였습니다. 지금 생각하면 진통제였을 겁니다. 주사 한 번 놔주고는 "이제 됐다"면서 돌려보냈습니다. 주사를 맞을 때는 안 아팠지만, 저녁이 되니 다시 많이 아팠습니다. 후쿠다료(福田寮)에서 자고 일어나니 다음 날에도 계속 아파서 일을 하러 갈 수 없다고 말하자 반장이 "병원에서 휴가증을 받아 왔어? 병가 진단서를 받았어?"라고 물었습니다. 제가 못 받았다고 하니 "그럼 안 돼, 일하러 가자"고 했습니다. 어쩔 수 없이 발을 질질 끌며 일하러 갔다가, 다시 병원에 가서 진찰을 받았는데 "괜찮다, 일하는 데는 지장이 없다"고 말하는 겁니다. 나무 막대기를 지팡이 삼아 발을 질질 끌며 구리공장으로 갔지만, 발이 아파서 서 있을 수가 없었습니다. 하는 수 없이 제 스스로 발에 나무를 덧대고 통증을 참아가며 일을 했습니다.

— 출전①, 제7집 128쪽

다음으로 가와나미공업 고야기시마 조선소에서 강제 노동한 실태를 송양섭 씨(1923년 7월 21일생)의 증언을 통해 고발한다.

우리는 죽을 수도 있다는 생각은 못 하고, 돈을 벌기 위해 참고 일하려고 했습니다. 그런데 한 척을 완성하는 데 보통 6개월이 걸리는데 그 배 한 척을 만드는 동안 통상 20명에서 30명이 죽는 겁니다. 배를 만들기 시작하고 5개월째가 되면 엄청 높은 곳에서 일을 하게 됩니다. 발 디딤대는 철로 조립된 것입니다. 태평양전쟁 말기에는 야간 근무도 했습니다. 주간 근무만 있을 때는 생각지도 못한 일이 야간에 벌어졌습니다. 조립하려면 용접할 때 가스버너를 사용합니다. 야간에 눈앞에서 갑자기 용접을 하면, 순간 가스버너의 밝은 빛 때문에 눈을 뜨기가 힘들어서 발판을 잘못 밟는 일이 생기는 겁니다. 그러면 머리부터 거꾸로 추락해 즉사하고 맙니다.

— 출전①, 제7집 175쪽

스미요시 터널 공사

미쓰비시 나가사키 병기제작소에서는 공습 때도 병기 생산을 속행하기 위하여 스미요시 지구에 터널 공사를 계획했다. 니시마쓰구미(西松組)[현 니시마쓰건설주식회사(西松建設株式会社)]가 강제 연행한 조선인에게 파도록 한 6개 터널 중 1호는 패전 시 이미 가동 중이었고, 5~6호는 굴착 중이었다. 여기서의 강제 노동 실태는 박영남 씨(1927년 3월 20일생)의 증언을 통해 소개한다.

식사라는 게 말도 안 되게 형편없었다. 반찬은 없고 콩나물국에 쌀밥이 전부였다. 요리사는 한국인이었다. 처음에는 쌀밥이 나와서 배불리 먹었지만 나중에는 쌀이 부족해 잡곡도 나오고, 주어지는 식사량이 줄어 1944년부터는 항상 배가 고팠다. 쌀이 부족해져 잡곡과 쌀이 섞여 나왔다. 1943년에 갔을 때는 일할 때 입는 옷과 신발이 제공되었는데, 1944년이 되자 전쟁 때문인지 물자가 부족해서 신발 대신에 짚으로 엮은 짚신을 신고 일했다.

급료는 한 달에 3전인가 30엔인가를 받았는데, 그것도 제대로 주질 않았다. 나 혼자 생활할 수 있는 돈도 받지 못하는데 가족에게 송금할 수가 없었다.

일은 아침 8시부터 저녁 6시까지였다. 일이 끝나면 다들 씻고 자는 게 전부였다. 야간에 일을 하는 때도 있었다. 저녁 8시에 시작해 다음 날 아침 6시에 나왔다. 야간반과 주간반으로 나누어 격일, 격주 단위로 교대하며 일했다.

— 출전①, 제7집 207쪽

사할린에서 온 이중징용

여기서는 다카시마 탄광에 이중징용된 손용암 씨(1928년 5월 13일생)의 증언을 소개하며, 노예노동이라고도 할 만한 실태를 고발한다.

사할린에서도 다카시마에서도 급료다운 돈은 받지 못했습니다. 매월 용돈 정도 되는 돈, 나이가 좀 든 사람에게는 담배를 살 수 있을 정도의 적은 돈을 주었을 뿐입니다. 집에 편지를 보내기 위한 봉투나 우푯값밖에 되지 않았습니다. 저처럼 어린 사람에게는 담뱃값도 주지 않았습니다. 1개월에 약 3엔이나 5엔, "나머지는 은행에 저금해라, 은행에 저금하면 여기서 나갈 때 전부 돌려준다"고 말했습니다. 저금을 하라고 했지만 통장을 보여준 적이 없습니다. 얼마를 저금했는지 알 수가 없었습니다. 사할린을 나올 때 우리가 저금을 돌려달라고 하자, 감독하는 사람이 "이건 전부 한 번에 서류를 준비해서 보낸다, 저금도 전부 도착할 거다"라는 말뿐이었고, 개인이 돌려받은 돈은 전혀 없었습니다. 아주 적은 돈만 쥐어주었는데, 그것은 홋카이도에서 내려오는 도중에 주먹밥을 사 먹고는 한 푼도 남지 않았습니다. 그렇게 해서 나가사키까지 오게 되었습니다. 다카시마를 나올 때 저금을 요구하자 "은행이 문을 닫아서 저금을 찾을 수가 없다. 우선 쓸 것을 조금 준비했다"며 한 명당 15엔씩을 주었습니다. 15엔씩…. 2년 동안 일한 게 고작 15엔이었습니다. 그 15엔을 모아서 배를 빌려 부산으로 돌아왔습니다.

— 출전①, 제7집 251~252쪽

3. 고문과 학대

강제 노동 자체가 학대라 할 수 있지만, 폭력을 수반한 학대에 관한 증언도 적지 않다. 여기서는 하시마(군함도)에서 탈출했다가 붙잡힌 조선인에 대한 고문, 가와나미 조선소에서의 전기 충격 고문, 닛테쓰광업(日鉄鉱業) 기타마쓰 광업소(北松鉱業所, 기타마쓰우라군) 이케노 탄광(池野炭鉱)에서의 구타 목격 증언을 나가사키의 실례로 명시해두고자 한다.

（하시마에서 탈출을 시도한 사람들도) 있었지만 심한 꼴을 당했다. 목포하고 정읍에서 온 수영을 잘하는 사람들이 통나무로 뗏목을 만들어 바다를 건너려고 했지만, 도중에 완전히 힘이 빠져서 붙잡힌다든지, 육지까지는 갔는데 결국 잡힌 사람도 있었다. 붙잡히면 고무줄 같은 걸로 피부가 벗겨질 정도로 두드려 맞았다. 비명을 듣고 달려간 우리 눈앞에서 엄청나게 고문을 당했다. 67호동이 있는 당시 공터에서 있었던 일이다. 어림잡아 11명 정도였을 거다. 그 사람들은 감옥에 들어간 것 같다. 그 뒤로는 어떻게 되었는지 우린 볼 수가 없었다. 목포 사람은 노래도 잘 부르고 똑똑한 사람이었는데….

—출전②, 44쪽

12첩(畳) 정도의 방에서 잠을 잤습니다. 다음 날 일하러 가지 않는 사람은 신고를 하도록 했는데 게으름을 피운다고 생각했겠죠. 조선인 의무실에서 한 사람에게 전기 고문을 하고, 다음 사람에게도 했습니다. 양쪽 관자놀이 부분에 물을 약간 끼얹고 전등선에서 끌어온 전선을 그곳에 붙였습니다. 다음 사람은 "아이고, 아이고" 하면서 울었고, 모두가 무서워서 하얀 결근계 종이를 가지고 돌아갔습니다. 전기 고문을 하면 병인지 아닌지 알 수 있다는 것이었습니다. 첫 번째로 고문을 당한 사람은 털썩 쓰러져 경련을 일으키며 빙글빙글 도는 거예요. 두 번째 사람은 정말로 병이었습니다. 저는 무서워서 돌아왔습니다. 그 방에 있던 사람은 저와 사감, 간호사 정도였을 겁니다. 무섭고 잔인해서 더이상 볼 수가 없었습니다. (…) 이런 말을 누군가에게 하는 것도 처음입니다. 어쨌든 불쌍했습니다. 일하고 있는 사람들은 20~30세 전후한 나이였습니다. 강제 연행이었는지 모집이었는지는 모르겠습니다.

— 출전①, 제2집 39~43쪽

조선인 노동자들의 숙소는 갱구에서 300m 정도 위치에 있었습니다. 식량이 없어 썩은 귤을 주워 먹고 있는 조선인을 헌병이 심하게 때리는 모습을 본 적이 있습니다. 아무리 몸 상태가 나빠도 쉬게 해주지 않았습니다. 어느 날 40세가 넘은 조선인 노동자가 너무 힘들어 견딜 수가 없어 "조금 올라가게 해달라"고 부탁했지만, 들어주지 않아서 바람굴에 들어갔습니다. 그것을 들켜 끌려 나왔는데, 하룻밤

사이에 안색이 완전히 달라져 있었습니다. 심한 구타를 당했기 때문이라고 생각합니다. (…) 갱 밖에서는 구타를 목격한 적은 없지만, 갱 내의 구타는 엄청났습니다. 일본인 깡패 같은 남자, 아마 감독이었을 거라 생각하지만, 그가 사람을 목검으로 때리는 모습을 가끔 보았습니다. 도망자에 대한 폭행은 더 참혹했다고 들었습니다. 이케노 탄광은 헌병이 많았습니다. 사세보[당시 일본 해군의 4대 군항 중 한 곳]였으니까 연달아 들고 나는 거였습니다. 걷어차였다고 한탄하는 조선인도 있었습니다. 헌병도 나무나 막대기로 때렸습니다.

— 출전①, 제5집 74~79쪽

4. 학대에 대한 항의와 저항

강제 연행이 이루어지기 전에 들었던 감언이나 약속과는 "이야기가 다르다"고 각지에서 빈번하게 분쟁이 일어났다. 격렬한 항의와 처우 개선을 요구한 사례도 드물지 않지만, 전국에서 공통되게 논의할 가치가 없다며 묵살되고 탄압, 진압당했다. 그러나 이러한 요구와 학대에 대한 항의와 저항은 조선인이 아무것도 하지 않은 채 참고 따른 것이 아니라는 사실을, 증명하는 역사로서 명기할 필요가 있다. 아래에 나가사키현 내에서 발생한 사례 두 가지를 예로 든다. 첫 번째는 기타마쓰우라군(北松浦郡) 시카마치초(鹿町町) 노가미도

아광업(野上東亞鑛業)의 간바야시 탄광(神林炭鑛) 종업원이었던 정막내(鄭莫乃) 씨의 증언, 두 번째는 닛테쓰 시카마치 탄광(통칭 오가세 탄광)에서의 저항 사건에 관한 후쿠다 후미코(福田フミ子) 씨의 증언이다.

탄광의 노무계가 허위 계약으로 조선인을 연행해 혹독한 노동을 강요했습니다. 그중에는 흰 바지(조선옷)를 입은 채로 끌려온 사람도 있었습니다. 그들은 일이 힘든데도 충분한 식사마저 할 수 없어 배가 고파 매일 울부짖었습니다. 허락을 받지 않고 쉬면 곧장 헌병이 와서 심하게 때렸습니다. 갑자기 후려치고는 팔굽혀펴기를 시키고 자기가 신고 있던 가죽 신발로 몸이며 머리를 걷어차고 때렸습니다. 당시 열다섯 살 정도였던 저는 그 무서운 광경을 보고 놀라 겁을 먹고 움츠렸습니다. (…) 종전(終戰)을 반년 앞둔 1944년 연말에 즈음해 부산 동래에서 100~200명의 조선인 청년이 연행되어 왔습니다. 그들은 '동래대'로 불렸는데, "우리가 들었던 것과 다르다", "약속과 다르다"며 사흘째 되던 날에 탄광에서 도망쳤습니다. 그날은 눈이 쌓여 도망치기 어려울 거라고 생각했는데, 짚신을 거꾸로 신고 도망쳤습니다. 발자국으로 도주 방향을 들키지 않기 위해 고안해낸 방법이었습니다. 그러나 탄광에서는 소방단(消防団)[지역 주민의 자치 소방 단체]과 경찰 등을 총동원하여 산속 수색에 나섰습니다. 불행히도 그들은 붙잡혔습니다. 그때의 폭행은 정말로 잔인하고 참혹했습니다. 반장으로 불렸던 사람 여럿이 도망자들에게 차가운 물을 끼얹었고 두들겨 팼습니다. 기절하면 다시 물을 끼얹었고 때려 반죽음 상태로 만들어놓았습니다.

결국 도망자들은 징역형에 처해졌습니다. 그리고 전쟁이 끝나던 날 출소했습니다. 당연히 탄광회사에 격렬히 항의하고 자신들이 지냈던 숙소에 불을 질렀습니다. 다음 날에는 열을 지어 회사 사무소에 들어가 불만을 터뜨렸습니다. 일본인은 그들을 거짓말로 어르며 달랬지만 소용없었습니다. 험악한 분위기 속에서 조선인들은 저를 향해 "도메(제 이름), 통역해줘"라고 말했습니다. 저는 가슴이 꽉 막혀서 목소리가 나오지 않았습니다. 조선말을 몰라서 가만히 있었던 것이 아닙니다. 지금이라면 당당하게 말할 수 있지만요.

— 출전①, 제5집 325~328쪽

시카마치(鹿町)의 오가세(大加勢) 집단 충돌 사건에 대해서 알고 있는 것을 말하려 한다. 그것은 1940년인가 그즈음 여름 내가 대학생 때인데 여름방학이라 고향에 있던 중 발생한 일이다. 그날 저녁, 전등을 막 켠 시각이었다. 조선인들이 손도끼와 막대기, 톱 같은 것들을 가지고, 일력좌(一力座, 연극이나 영화 상영 등이 이뤄지던 작은 건물)를 향해 갔다. 무언가 이상한 느낌이 들었다. 무슨 일인지 마을 사람들에게 물어보니 조선인이 경찰관에게 두들겨 맞고 발로 걷어차였다고 했다. 사건의 발단은 이러했다. 일력좌에서 만취해 잠이 든

조선인을 발견한 경찰관이 말을 걸어도 반응이 없자 "저리 비켜!" 하면서 발길질을 하고 때렸다는 것이다. 마침 조선인 친구가 이 모습을 보았다. 그리고 그 친구는 곧장 사실을 급히 알리기 위해 조선인 숙소로 갔다. 갑자기 150명에서 200명 정도 되는 조선인이 무서운 표정으로 막대기와 손도끼 등을 들고 몰려들어, 마을 사람들이 모두 놀랐다. 곧 경방단(警防団)이 소집되어 이에 대항하게 되었다. 석탄 브로커인 단장이 군도를 가지고 나왔는데 겁을 주기 위해서였는지 칼을 뽑고 "뭐 하는 거야? 베어버린다!"고 큰 소리로 고함을 질렀다. 그렇게 해서 간신히 소동은 진정되었고 조선인들은 오가세항까지 끌려갔다. 그 후 그 조선인들이 어떻게 되었는지는 모른다.

— 출전①, 제5집 324쪽

5. 유골의 방치

유골의 방치에 관해서는 특히 하시마의 유골 문제에 대하여 언급하고 싶다. 1986년 '인권을 지키는 모임'은 1925년부터 45년까지 21년 동안의 기록인 이 섬의 '화장 인허증 하부 신청서(火葬認許証下附申請書)'를 입수하여 '하시마 자료'라 이름을 붙이고 『원폭과 조선인』 제4집에 조선인과 중국인에 관한 부분을 게재했다. 한국에 거주하는 하시마 탄광의 희생자 유족이 이 '하시마 자료'에서 친척의

사망(이완옥 씨, 1944년 6월 6일, 22세, 사인은 익사로 되어 있으나 한국에 있는 증인에 따르면 추락사라고 한다) 사실을 알고, 탄광의 자산을 계승한 회사인 미쓰비시머티리얼(Mitsubishi Materials Corporation, 三菱マテリアル株式会社) 측에 유골의 반환을 요구했는데, 사측은 반환을 계속해서 거절하고 있다.

하시마의 센푸쿠지(泉福寺)에 있었던 '인수할 사람이 없는' 유골은 폐광(1974년) 후, 이웃 섬인 다카시마의 센닌즈카(千人塚)(동 회사 관리)로 이송되어 납골되었다는 사실은 회사도 인정하고 있다. 그러나 거듭되는 교섭에서 미쓰비시 측은 "조선반도 출신자의 유골은 없는 것으로 추정된다"며 명확한 근거도 제시하지 않은 채 같은 말만 되풀이했다.

센닌즈카는 다카시마 탄광(미쓰비시광업)의 폐광(1986년) 2년 후, 완전 철거 공사가 실시되어 밀폐되었다. 그곳에서 유족이 내부 조사를 요구하자 미쓰비시 측은 "함부로 발굴하는 것은 사자의 존엄을 훼손하는 일이 될 수 있다"(1992년)고 거부했다. 더욱 놀라운 것은 "유골을 특정하기가 불가능한 상황에 있다"는 말이었다. 밀폐에 앞서 가까운 사원에 분골의 공양을 위탁한 일에 대하여는 "지방의 관습에 따라 유골을 빨리 흙으로 돌려보내기 위한 노력이었을 뿐"이라고 답변했다. 유골의 방치는 전국적으로도 확인되지만, 유족이 내방하여 반환을 요구했는데도 거절한 사례는 찾기 힘들다. 유족의 심정은 오죽할까. 모친은 "완옥이는 반드시 돌아올 거야"라는 유언을 남기고 돌아가셨다고 한다.

6. 귀국 상황

일본이 패전했을 당시, 일본에 있던 조선인은 약 236만 명(내무성 경보국 통계)이었으며, 이 중 전후에도 잔류한 조선인은 약 60만 명이었다. 그 대부분은 강제 연행 시기 이전에 일본에 온 사람들이었다. 강제 연행된 사람들은 한시라도 빨리 귀국하고 싶은 마음에 위험한 소형 밀선을 타고 귀국을 서두른 경우도 적지 않았다는 사실이 밝혀지고 있다. 징용노동자를 부린 기업이 책임지고 귀국을 준비하지 않은 채 방치했기 때문이다. 약간의 귀국 여비를 지급하고 그럭저럭 귀국의 편의를 도모한 것은 GHQ인데, 귀국 희망자의 송환 명령을 내린 1945년 11월 이후였다. 게다가 급여에서 강제적으로 빼낸 저금을 전달하지 않고 전액 몰수나 다름없이 처리한 사실이 근래에 명백히 드러나고 있다(『마이니치신문』, 2013년 9월 8일 자). 본인의 재산인 저금을 제대로 전달했다면 조난 위험성이 큰 밀선을 타지 않아도 되었을 것이다. 그 후에도 반환하려는 노력을 전혀 하지 않은 것을 보면 이는 확신범이 틀림없다. 귀국 시의 상황을 말해주는 주요 증언을 아래에 소개하며, 국가 및 기업의 재산 몰수라는 중대 범죄도 함께 고발하기로 한다.

첫 번째는 하시마로 강제 연행된 전영식 씨(1921년 1월 16일생)의 증언, 두 번째는 앞에서 소개한 석임순 씨의 증언, 마지막으로 고야기시마에 사는 도비타 시카노스케(飛田鹿之助) 씨의 증언이다.

한시라도 빨리 고향에 돌아가고 싶은 마음뿐이었다. 글자를 못 배워서 집에 편지도 못 보낸 채로 2년 정도를 그곳에서 생활했으니…. 인생의 즐거움이란 자유에 있다. 자유가 전혀 없이 바다 한가운데서 징역살이 같은 생활을 강요당했던 섬에 남고 싶은 사람이 어디 있겠나. 회사는 귀국을 위한 아무런 준비도 해주지 않았다. 어쩔 수 없이 음력 8월에 가족을 데리고, 하시마에 와 있던 동포가 수배한 밀선을 타고 완전히 거지 같은 행색으로 돌아왔다. (밀선은) 지붕도 없는 작은 배였는데 대금은 얼마를 줬는지 기억나지 않는다. 함께 배에 탄 삼사십 명이 조금씩 돈을 냈다. 희망자 전원이 배를 탈 수는 없었다. 나는 가족과 함께 하시마에 와 일하면서 살던 동포들과는 평소에 교류한 적이 없었지만 운 좋게 배에 탈 수 있었다.

—출전②, 52~53쪽

음력 7월 20일, 우리 가족 셋은 귀국했습니다. (…) 모지(門司)에서 시모노세키(下関)로, 거기서 부산으로 귀국했는데, 부산에서 고향(전라북도 무주군 안성면)까지는 걸어갔습니다. 그리고 음력 8월 15일에 고향에 도착했습니다. (…) 남편도 나도 나가사키에서는 1년

9개월을 일했는데 적립 저금도, 강제 저금도 퇴직금도 후생연금도 아무것도 받지 못했습니다. 돌아올 때 받은 것은 고작 20엔이었습니다.

— 출전①, 제6집 220쪽

그들이 한창 귀국할 때는 공교롭게도 태풍 철인 9월경이어서 도중에 조난당해 물에 빠져 죽은 사람도 많았다. 현재 고야기시마의 미쓰비시(중공업) 100만 톤 독(dock)의 거대한 크레인 주변으로 엄청난 수의 조선인 익사체가 밀려왔다. 상당히 많은 조선인이 조난당했다고 생각된다. 가게노오(陰ノ尾)[미쓰비시중공업 100만 톤 독 근처에 있는 작은 섬], 마테가우라(馬手ヶ浦, 나가사키현 고야기초) 부근에서도 다수의 익사체가 발견되었다.

— 출전①, 제2집 30~31쪽

7. '메이지 일본의 산업혁명 유산'과
　　나가사키의 조선인 강제 연행

유네스코 세계유산위원회는 2015년 7월 5일, 일본 정부가 세계문화유산으로 추천한 '메이지 일본의 산업혁명 유산' 등재 추진을 결정했다. 그러나 이 유산에는 전시 중 조선인을 강제 동원해 노동을 시킨 7개의 시설이 포함되어 있었기 때문에, 한국 정부는 7개 시설의 등록에 이의를 제기했다. 최종적으로는 일본 정부가 강제 동원 사실을 인정하고 그 역사를 설명하는 조치를 강구하겠다고 표명함으로써 양국의 합의하에 등록이 결정되었다. 일본 정부의 표명은 "1940년대 몇 군데 시설에서 그 의사에 반하여 끌려와 엄혹한 환경에서 일을 해야 했던 많은 조선반도 출신자 등이 있었던 점, 또한 제2차 세계대전 중에 일본 정부 차원에서도 징용 정책을 실시한 사실 등을 일반에 알릴 수 있도록 조치를 강구하는 단계에 있다"(『나가사키신문』, 같은 해 7월 7일 자)라는 내용이었다. 의사록에도 기재된 이 문언은 세계를 향한 일본 정부의 공약이므로, 이를 확인하고 실행 여부를 검증할 책임은 유네스코에도 있다.

이와 같은 경위를 바탕으로 곧바로 부상한 '견해 차이'와 처음부터 존재한 문제점에 관하여 아래에 논술하기로 한다.

(1) 1850년부터 1910년까지의 산업혁명 유산이라는 주장에 관하여

일본 정부의 이 주장은 완전히 잘못된 것이다. 이러한 기간 한정은 당초부터 현실을 무시한 논리이자, 거기에는 가해의 역사를 은폐하려는 의도가 있었다고 할 수밖에 없다. 예를 들어 군함도에서 가장 오래된 고층주택 빌딩으로 주목을 받은 30호동조차 1916년에 건설된 것이다.

(2) 강제 연행·강제 노동을 둘러싼 인식 차이에 관하여

한국 정부는 강제 노동의 실태를 'forced labor'라고 명확히 표현할 것을 요구했으나, 일본 정부는 국제법에서 금지된 '강제 노동'에 해당하는 표현을 꺼려 이를 거부하고, 결국 'forced to work'라고 표현함으로써 쌍방이 서로 양보하여 접근했다고 한다. 그러나 영어 표현으로서 얼마나 차이가 있다고 할 수 있을까. 국제적인 이해의 시각에서도 차이가 없다. 일본어로서도 '働かされた(할 수 없이 일했다, 억지로 일했다)'와 '강제 노동'은 서로 다르다고 주장하기 어렵다. 그럼에도 불구하고 7월 6일 관방장관은 기자회견에서 "대표단의 발언은 강제 노동을 의미하는 게 전혀 아니다"(『나가사키신문』, 7월 6일 자)라고 밝혔다. 일본 정부는 즉각 '강제 노동'을 부정한 것이다. 이에 대하여 한국 외교부 관계자는 "일본 측이 자국의 논리대로 해석을 하고 있는 것 같은데, 애시당초 영어가 정본이다. 읽어보면 강제성이 있나 없나 알 수 있다"고 반박했다고 한다(『나가사키신문』, 같은 글).

여기서 중요한 점은 양국 정부 간 인식 차이의 원인을 밝혀내는 것이다. 한국 정부는 강제 노동의 사실에 입각해 주장하고 있는 데 반해, 일본 정부는 강제 노동을 부정하는 데 기를 쓰고 있다(『나가사키신문』, 7월 11일 자)는 근본적인 차이를 주목해야 한다. 일본 정부의 인식은 사실(史實)의 은폐 혹은 왜곡이라는 중대한 문제를 내포하고 있다. 따라서 일본 정부를 향하여 국제사회로부터 강제 연행·강제 노동의 비참한 실태를 깊이 인식할 책무가 제기될 것이다.

(3) 안내판에 기술해야 할 최소한의 내용

나가사키에서 조선인과 중국인의 강제 노동 시설로서는 미쓰비시 조선소와 하시마(군함도) 탄광, 다카시마 탄광이 있는데, 이곳에 설치할 안내판에는 강제 노동의 실태를 기술함과 동시에 피해자 수와 사망자 수를 기재해야 한다. 강제 노동의 실태는 전술(증언)한 바와 같은데, 미쓰비시 나가사키 조선소에는 약 6000명의 조선인이 조선 본토에서 강제 연행되었고, 추가적으로 1942년에 시작된 재일 조선인의 징용은 800명으로 추정된다. 하시마 탄광에는 조선인 800명(추정)과 중국인 204명, 다카시마 탄광에는 각각 3500명(추정)과 205명이 강제 연행되었다. 강제 연행이 시작된(1939년) 이후 조선인 사망자 수는 조사 연구의 일인자인 다케우치 야스히토(竹内康人) 씨에 따르면, 미쓰비시 조선소 63명(원폭 희생자를 제외한 사망 판명 수), 다카시마 탄광 50명, 하시마 탄광 48명(『원폭과 조선인』 제4집 참조)이며, 중국인(1944년 이후)은 다카시마 탄광 15명, 하시마 탄광 15명이다.

(4) 미쓰비시 나가사키 조선소에서의 조선인 원폭 희생자 수도 명시해야

미쓰비시 조선소의 조선인 원폭 희생자 수는 분명하지 않지만, '미쓰비시중공업 나가사키 원폭공양탑 봉찬회(三菱重工業長崎原爆供養塔奉賛会)'가 1989년 8월 9일 건립한 '방명비(芳名碑)'에는 동원된 학도병과 여자정신대를 제외한 종업원 중 희생당한 1270명의 이름이 새겨져 있다. 이를 통해 추정하면 사망률은 약 2.2%이며, 이를 조선인에게도 적용하면 최소 150명은 희생되었을 것으로 추정할 수 있다. 그러나 방명비에는 조선인으로 추정되는 이름은 26명밖에 없다. 너무 적은 숫자다. 하라 게이조(原圭三) 씨가 작성해 나가사키 시에 기증한 미쓰비시 관련 원폭 희생자 출신지별 명부(6294명)에 비춰보더라도 매우 미비하다. 실제로는 이보다 몇 배에 달했을 것으로 봐야 한다. 세계문화유산에 등재된 미쓰비시 조선소는 지금부터라도 조선인 원폭 희생자에 대해 철저히 조사해 스스로 잘못을 바로잡아야 한다.

(5) 세계문화유산에 등재된 쇼카손주쿠

근대 일본의 침략 사상의 근원은 요시다 쇼인(吉田松陰)과 후쿠자와 유키치(福沢諭吉)에게 있다고 해도 과언이 아니다. 특히 쇼인의 침략 사상은 오호츠크부터 루손섬까지 장대하게 미쳤다. 쇼인은 "지금, 무력 침략 준비를 서둘러 군함을 갖추어, 포가 충분하면 즉시 에조[蝦夷, 홋카이도의 옛 이름으로 아이누족을 이르기도 했다]를 개척하여 제후를 봉건하고, 기회를 틈타 캄차카와 오호츠크를 빼앗고, 류큐[오키나와의 옛 이름]를 깨우치며 (…) 조선을 꾸짖어 조공을 바치게 함으로써 옛날의 영화를 되찾고, 북쪽으로는 만주를 점령하고, 남쪽으로는 대만과 루손섬을 손에 넣어 (…)"(『吉田松陰全集』, 第1

卷)라고 설파했다. 또한 "러시아와 미국과 강화조약을 체결한 이상, 우리가 이것을 파기하여 외국에 신용을 잃어서는 안 된다. 다만 장정(章程)을 엄격히 준수하고 신의를 두텁게 하면서, 그러한 와중에 국력을 배양하는 한편 쉽게 손에 넣을 수 있는 조선과 만주, 중국 영토를 점령하여 복종시켜, 러시아·미국과의 교역에서 잃은 국부와 토지는 조선과 만주를 통해 메우는 것이 상책이다"(『吉田松陰全集』第5卷)라고 그는 썼다. 이토 히로부미(伊藤博文)나 야마가타 아리토모(山県有朋) 등 메이지 시대의 지도자가 된 제자들이 이 장대한 침략 사상을 충실히 따라 현실화하고자 했음은 물론이다. 쇼카손주쿠(松下村塾)가 세계문화유산으로 적합하다고 하는 것은 이러한 침략 사상을 옹호한 일본 정부가 쇼인의 침략 사상을 따른 것이다. 유네스코도 "인류의 보편적인 가치를 보호"(세계유산협약)할 사명에 반하여 분별없이 중대한 잘못을 범했다고 할 수 있다. 이와 관련하여 "조선은 애당초 논할 가치가 없으며, 우리의 당면한 적은 지나(支那)이므로 먼저 일대(一隊)의 군사를 보내어 조선 경성의 지나군을 모두 죽이고, (…) 우리 군사는 바다와 육지로 지나에 대거 침입하여, 즉시 베이징성을 함락시키고, (…) 성공을 의심치 말고 단호히 해야 한다"(『時事新報』1884年 12月 27日, 『福沢諭吉全集』第10卷)라고 설파한 후쿠자와 유키치도 요시다 쇼인을 스승으로 섬겼다고 할 수 있다. 청일전쟁을 일으키기 10년 전의 주장이다.

하지만 쇼카손주쿠를 아우슈비츠나 리버풀(노예무역항)처럼 후대에 부정적인 역사로서 교훈이 될 세계유산으로 자리매김시키는 방안은 검토해볼 만하다. 현 단계에서는 한국 정부도 중국 정부도 그것을 요구하고 있지 않고, 일본 정부 역시 그런 의사는 조금도 없어 보이지만, 등록이 취소되지 않는 한 적어도 요시다 쇼인의 침략 사상을 알리고 고발하는 장소로 삼기를 강력히 바란다.

● 출전

① 『원폭과 조선인(原爆と朝鮮人)』, 나가사키 재일조선인의 인권을 지키는 모임(長崎在日朝鮮人の人権を守る会) 편집·발행.

제1집 나가사키 조선인 원폭 피해자 실태조사 보고서(長崎朝鮮人被爆者実態調査報告書)(1982年)

제2집 나가사키 조선인 원폭 피해자 실태조사 보고서(1983年)

제3집 나가사키 조선인 원폭 피해자 실태조사 보고서(1984年)

제4집 나가사키 조선인 원폭 피해자 실태조사 보고서—하시마의 신음소리: 발굴 '하시마 자료'가 던지는 질문(端島の呻き声: 発掘「端島資料」が問いかけるもの)(1986年)

제5집 나가사키현 조선인 강제 연행·강제 노동 실태조사 보고서(長崎県朝鮮人強制連行·強制労働実態調査報告書)(1991年)

제6집 사가현 조선인 강제 연행·강제 노동 실태조사 보고서(佐賀県朝鮮人強制連行·強制労働実態調査報告書)(1994年)

제7집 나가사키시 군수 기업 조선인 강제 동원 실태조사 보고서(長崎市軍需企業朝鮮人強制動員実態調査報告書)(2014年)

② 나가사키 재일조선인의 인권을 지키는 모임(長崎在日朝鮮人の人権を守る会) 엮음, 『군함도에 귀를 기울이면—하시마에 강제 연행된 조선인·중국인의 기록(軍艦島に耳を澄ませば—端島に強制連行された朝鮮人·中国人の記録)』, 사회평론사(社会評論社), 2011.

● 수록: 『오하라사회문제연구소잡지(大原社会問題研究所雑誌)』, 687호, 호세이대학출판국(法政大学出版局), 2016년 1월.

군함도가 세계유산이어도 되는가

잊힌 조선인 강제 연행의 상처

유네스코의 자문기관으로 세계의 역사적인 기념물 보존을 위해 활동하는 비정부조직인 '국제기념물유적협의회(ICOMOS)'(이하 '이코모스')는 이번에 일본 정부가 세계유산으로 추천한 '메이지 일본의 산업혁명 유산 규슈·야마구치 등 지역' 23개 시설에 대하여, 일괄적으로 '등재 적합'하다고 유네스코에 권고했습니다.

이 소식에 현지 언론과 관광업계를 중심으로 '축하 분위기'가 한껏 고조되는 것으로 보이지만, 저는 분명히 말해 이 권고에 실망했습니다. 유네스코의 자문기관으로서는 경솔했다고 생각합니다. 각 시설의 역사 전체를 이해시키는 설명이 필요하다고 지적된 만큼, 일본 정부가 제출한 추천서는 불충분하니 자료를 추가 제출할 것을 요구하는 등의 다른 방법도 있었을 것입니다.

왜냐하면 23개 시설 중 하나인 나가사키의 군함도(하시마)에는 1974년까지 탄광이 있었지만, 전전에는 그곳으로 강제 연행되어 온 조선인과 중국인이 매우 열악한 환경에서 강제 노동을 했고, 많은 사망자가 발생했다는 역사적 사실이 존재하기 때문입니다. 저는 군함도를 세계유산에 등재하는 것에 무조건 반대하는 것은 아닙니다. 일본이 부정적인 역사를 인정하고 이를 바탕으로 한 등재 신청이라면 아직 논의할 여지가 있다고 생각합니다.

실제로 유대인의 대량 학살이 있었던 폴란드의 아우슈비츠 강제수용소 유적이나 히로시마의 원폭 돔, 노예무역항으로 번영했던 영국의 리버풀 등은 인류가 다시는 되풀이해서는 안 될 역사의 반성 교재이자 교훈으로서, 부정적인 역사를 조명하여 세계유산에 등재되었습니다. 그러나 일본 정부는 군함도에 그와 같은 의미를 부여하지 않습니다.

강제 연행 희생자의 외침

2011년 1월, 군함도에서 강제 노동을 했던 생존자가 한국에 살고 계신 것을 KBS 프로그램 DVD를 통해 알게 되었습니다. 한국을 방문해 그중 80대와 90대인 세 분의 생존자를 만나 군함도에서 겪은 체험담과 고난에 찬 증언을 매우 생생하게 들었습니다. 화제가 된 군함도의 세계유산 등재에 대해서도 의견을 여쭈어보았더니, "역사를 감추려는 게 아닌가", "하시마가 우리에게 어떤 곳이었는지 알고나 있는 것인가!", "일본인이 그 섬의 역사를 자랑할 수가 있나! 그건 도리에 어긋나는 일이다"라고 말씀하신 것이 마음에 와닿았습니다.

마침 그와 같은 일도 있고 해서, 오랫동안 조선인 원폭 피해자 문제에 관련된 활동을 하면서 제가 소속된 '나가사키 재일조선인의 인권을 지키는 모임'에서 군함도의 세계유산 등재에 대해 견해를 밝히고자, 2011년 방한 후 『군함도에 귀를 기울이면—하시마에 강제 연행된 조선인·중국인의 기록(長崎在日朝鮮人の人権を守る会 編, 軍艦島に耳を澄ませば—端島に強制連行された朝鮮人·中国人の記録, 社会評論社, 2011)』이라는 책을 펴냈습니다.

이미 한국 정부도 군함도의 등재에 관해 "인류의 보편적인 가치를 보호"해야 할 세계유산의 취지에 적합하지 않다는 견해를 표명했습니다. 경청할 만한 의견이라고 생각합니다. 한국 정부는 또한 "일본 정부가 추천한 23개 시설 중, 전쟁 중 규슈의 탄광이나 야하타 제철소, 미쓰비시 나가사키 조선소 등 7개 시설에 조선반도에서 약 6만 명이 징용되어 100명 안팎의 노동자가 사망했다"고 주장하고 있습니다.

그런데 이에 대하여 스가 요시히데(菅義偉) 관방장관은 기자회견에서 "세계유산 등재는 전문가 기관이 인정한 것이며, 한국의 정치적 주장을 끌어들일 사안이 아니다"라고 발언했습니다.

그러나 이것은 정치 문제가 아니라 역사 문제입니다. 역사에서 실제로 발생한 문제를 무시하고 '정치적인 주장'이라고 일축하는 것은 잘못된 태도입니다. 그러한 표현이 통용되는 것은 일본 국내에서만 가능한 일일 것입니다. 침략과 전쟁의 피해를 입은 나라, 그 나라의 국민 입장에서는 납득할 수 없는 일입니다.

기시다 후미오(岸田文雄) 외무장관은 "(세계유산의) 대상이 되는 시기는 1850년부터 1910년까지"라고 말하며, "(강제 연행이 있었던 때와) 연대도 다르고, 역사적인 의미와 배경도 다르다"고 말했습니다.

그러나 하시마가 멀리서 군함처럼 보이기 시작한 것은 섬 내의 고층 건축물들 때문인데, 그 건물 중 가장 오래된 것도 세워진 연도가 1916년입니다. 1910년까지의 건물만이 등재 대상이 된 것이 아니므로 외무장관의 발언은 사실과는 매우 동떨어져 있습니다.

비판받는 역사 인식

더욱 중요한 사실은 23개 시설을 '산업혁명 유산'이라고 명명하면서도, 어째서인지 거기에 야마구치현(山口県) 하기시(萩市)의 쇼카손주쿠가 포함되어 있다는 점입니다. 일본 정부가 어떻게 해서든 쇼카손주쿠를 포함시키고 싶었던 모양입니다. 이는 요시다 쇼인을 일본을 근대로 이끈 위대한 사상가, 지도자로 평가하기 때문일 것입니다.

쇼인의 평가에 관해서는 다양한 견해가 존재합니다. 하지만 청일전쟁과 러일전쟁부터 한반도의 병합과 식민지화, 나아가 만주사변과 중일전쟁이라는 일련의 어두운 역사는 쇼인의 장대한 침략 사상이 밑그림 역할을 한 것이 분명한 역사적 사실입니다. 쇼인은 그것을 제자인 이토 히로부미나 야마가타 아리토모 같은 메이지의 지도자에게 가르쳤고, 제자들이 이를 실행했습니다.

그러한 침략이 만들어낸 것 중 하나가, 군함도에서 전형적으로 보여주는 조선인과 중국인 강제 연행이 아니었을까요. 부정적인 역사인 쇼카손주쿠 역시 반성 없이 안이하게 세계유산으로 등재하는 게 옳다고는 생각하지 않습니다. 쇼카손주쿠와 군함도는 부정적인 역사와 연결되어 있다는 틀림없는 사실을 잊어서는 안 됩니다.

더욱이 군함도로 강제 연행된 조선인과 중국인 중에는 1945년 8월 9일 나가사키에 원자폭탄이 투하된 후 잔해 처리 작업에 동원되었다가 '입시(入市) 피폭'된 사람도 적지 않습니다. 또 군함도에서 나가사키의 미쓰비시 조선소 등 다른 장소로 전환 배치되었다가 그곳에서 직접 피폭된 분도 드물지 않습니다. 원폭 피폭에 대해서는 아무런 보상도 받지 못한 채 돌아가신 그분들이 지금 축제 분위기에 휩싸여 군함도를 세계유산에 등재하고자 하는 동향을 본다면 어떤 생각을 하실까요.

저는 앞으로 유네스코가 이 문제를 어떻게 판단할지, 큰 관심을 가지고 있습니다. 유네스코로서는 의견이 대립하는 일본 정부와 한국 정부, 또는 중국 정부가 협의하기를 기대하고 있다고 전해지지만, 정부 간의 협의로 결론이 날 문제가 아닙니다. 평행선만 계속 달릴 것입니다. 이 문제를 각국 정부에 떠넘기는 자세도 의문이 듭니다. 이코모스의 권고를 검증도 없이 그대로 받아들일 것이 아니라, 스스로의 책임에 따라 판단을 내려야 합니다.

그리고 일본에도 가장 중요한 것은 유네스코가 등재를 승인할 것인가 거부할 것인가 여부가 아니라, 자국의 역사 인식이라는 사실을 명심해야 합니다. 한국이나 중국의 비판을 어떻게 받아들일 것인가, 그리고 가해국으로서 어떠한 답변을 할 것인가. 들뜬 분위기에 휩쓸리지 않고, 진지하게 역사를 마주하는 것이야말로 전후 70년을 맞이하는 우리의 책무입니다.

● 수록:『슈칸긴요비(週刊金曜日)』1041호, 2015년 5월 29일.

2016년 나가사키 원폭 조선인 희생자 추도 조조집회 추도사

미군이 이곳 나가사키에 플루토늄 원자폭탄을 투하한 그날로부터 71년째 아침을 맞이합니다. 우리는 조선인 원폭 희생자를 생각하며 추도비 앞에 모여 있습니다. 얼마나 원통했을까요. 이 추도비는 목사이자 시의원이었던 오카 마사하루 선생님의 노력에 의해 1979년 8월 9일 건립되었습니다. "물론 이 작은 추도비의 건설로 인해 과거 일본 제국주의가 조선인을 무력으로 위협해 식민지화하고, 그 민족을 강제 연행하여 학대, 혹사시키며 강제 노동을 시키다 마침내는 비참한 원폭사에 이르게 한 전쟁책임은 결코 소멸될 수 없다", "더욱이 이 지상에서 핵무기가 없어지도록 적극적으로 행동할 결의를 새로이 하는 바이다"라고 말씀하신 건립식 기념사를 다시금 떠올립니다. 그로부터 37년이 지났습니다. 일본의 전쟁책임을 추궁함과 동시에 핵무기 폐기를 바라던 오카 선생님의 뜻은 얼마나 달성되었을까요.

일본 정부는 구사일생으로 귀국한 한국·조선인 원폭 피폭자의 원호도 국내 피폭자와 평등하게 대우하지 않았고, 재한 피폭자들이 직접 나서서 오랜 세월 재판 투쟁을 통해 불완전하나마 「피폭자 원호법(被爆者援護法)」의 적용이 실현된 것이 2003년부터입니다. 의료비의 평등 지급이 최고재판소 판결을 통해 실현된 것은 전후 70년이 지난 작년 9월의 일입니다. 그러나 조선민주주의인민공화국[북한]의 피폭자는 아직도 아무런 원호를 받지 못한 채 완전히 방치되어 있습니다. 더욱이 일본 정부는 피폭자가 건강수첩(被爆者健康手帳)을 취득하는 과정에서 증인 또는 증거 자료를 계속해서 요구하여, 본인의 증언이 아무리 신빙성이 높더라도 수첩 교부 신청이 기각당하는 사례도 계속되고 있습니다. 한국의 정부 기관인 '강제동원피해조사위원회'가 동원과 원폭 피폭을 인정한 사람의 경우라 할지라도, 일본 정부는 이 점을 전혀 고려하지 않습니다. 시간의 장벽뿐 아니라 일본의 전쟁책임이라는 조선인 원폭 피해의 역사적 배경을 무시한 폭거라고 할 수밖에 없습니다. 이와 관련하여 피폭자 건강수첩 신청자의 많은 증언 사례가 '나가사키 재일조선인의 인권을 지키는 모임'이 발행한 『원폭과 조선인』 제7집에 실려 있습니다.

비인도적인 무기인 핵무기의 폐기를 외치는 국제여론은 높아지고 있지만, 핵무기 보유국의 반대뿐 아니라 일본 정부도 이 국제여론에 등을 돌린 채 미국의 핵우산에 의존하며 '핵 선제 불사용(核先制不使用)'[핵 공격을 받지 않는 한 핵무기를 먼저 사용하지 않는다] 선언 검토조차 이의를 제기했습니다. 피폭국 일본에 대한 안팎의 비판과 실망은 피할 수 없습니다.

올해 5월 27일, 미국의 오바마 대통령이 히로시마를 방문하여 장문의 소감을 표명했지만, 원폭 투하에 대한 사죄는 하지 않았으며 "핵무기가 없는 세계를 향해 나아갈 용기"를 표명하는 데 그치고 구체적인 대책은 제시하지 않았다는 게 많은 이들의 일치된 평가입니다. "낙담했다"는 솔직한 의견이 안팎의 원폭 피폭자들에게서 들려왔습니다. 또 오바마 대통령은 일본인 피폭자를 만나 포옹했지만, 그곳에서 한국인 피폭자의 모습은 찾아볼 수 없었습니다. 한국의 『한겨레』신문은 이날 현지를 방문했던 한국인 원폭 피해자들의 이야기를 보도했습니다.[24] "현지를 방문한 한국인 피폭자들은 오마바 대통령이 '한국인 원폭 희생자 위령비'를 방문하지 않은 데 대해 짙은 아쉬움을 토로하기도 했다"면서 그럼에도 "한국인 피폭자에 대한 존재가 언급이 되어서 불행 중 다행"이라는 그들의 말도 전했습니다. "오늘 오바마 대통령 방문 행사장에 한 명도 들어가지 못했다. 아침에 너무 억울해서 히로시마 시장에게 전화를 해 한국 피폭자들이 지금 왔으니 들어보내 달라고 따지기도 했다"는 히로시마 피폭

---

24 김윤형, "오바마 기다리던 한국인 희생자들 '짙은 아쉬움'", 『한겨레』, 2016년 5월 27일 자.

자[재일동포]의 목소리도 있었습니다. 한국인 원폭 피해자가 한 사람도 참석하지 못한 것은 히로시마 시장의 독단이 아니라 일본 정부가 '참석시켜주지 않은 것'이 틀림없습니다. '한국원폭피해자협회'가 오바마 대통령에게 위령비에 헌화해달라고 사전 요청했는데, 일본 정부가 이를 저지했다는 의혹도 있습니다. 한국 정부도 같은 뜻을 "외교 경로를 통해 미국 정부 쪽에 밝혔다"[25]고 하지만, 한국의 요청 유무와는 상관없이 3만 명이나 되는 조선인이 히로시마 원폭의 희생자가 된 근본적인 원인을 생각하면, 아베 총리야말로 오바마 대통령과 함께 '한국인 원폭 희생자 위령비'를 찾아와 사죄를 해야 한다고 확신합니다. 그것은 재작년 8월에 나가사키를 방문한 올리버 스톤(Oliver Stone) 감독이 "미국의 원폭 투하가 실패인 것은 무차별 대량 학살이라는 국제법 위반 때문만이 아니라, 일본 국민에게 피해자 의식을 심어주고 가해국 일본을 피해국으로 탈바꿈시킨 데 있다"고 말한 것과 같은 연유입니다. 더욱이 노벨평화상을 수상한 퍼그워시 회의(Pugwash Conferences, 핵무기 폐기·세계 평화 등을 토의하는 과학자 중심의 국제회의)의 요세프흐 로트블라트(Joseph Rotblat) 당시 회장이 나가사키 강연(1995년 여름)에서 "'맨해튼 계획'은 처음부터 소련을 적으로 여기고, 소련을 완전히 이기려고 시작된 것이라는 사실을 최고책임자인 그로브스 장군에게 직접 들었다", "그러므로 히로시마,

---

25 이제훈, "'한국 피해 사죄해야'…오바마에 편지 쓴다",『한겨레』, 2016년 5월 11일 자.

나가사키의 파괴는 제2차 세계대전의 종결보다도 냉전의 시작을 의미한다"고 말한 데서도 명백히 알 수 있듯이, 원폭 투하의 목적이 처음부터 대소(對蘇) 전략의 일환이었다는 것을 오바마 대통령이 모를 리가 없기 때문입니다.

이상의 관점에서 우리는 다음과 같이 일본 정부에 요구합니다.

하나, 피폭자 건강수첩의 신청에는 최대한 본인의 증언을 중시하여 대응할 것.

하나, 조선민주주의인민공화국[북한]의 피폭자에게 피폭자 원호법 적용의 길을 열 것.

하나, 안전보장관련법을 폐지하고, 헌법 9조를 엄수할 것.

하나, 북일 평양 선언에 입각해, 조선민주주의인민공화국[북한]과 국교를 정상화할 것.

마지막으로, 이른 아침 시간임에도 불구하고 많은 분들이 참가해 주신 데 대해 깊은 감사를 드립니다.

2016년 8월 9일

나가사키 재일조선인의 인권을 지키는 모임 대표 다카자네 야스노리

2부

나가사키
평화자료관에서

『니시자카통신(西坂だより)』은 '오카 마사하루 기념 나가사키 평화자료관(岡まさはる記念長崎平和資料館)'의 회보로서, 자료관을 개관한 1995년 이래 지금까지 발행되고 있다. 회보의 첫 장에는 언제나 권두언이 실렸는데, 주로 자료관의 운영을 책임지는 이사진이 집필했다. 저자는 이 『니시자카통신』 권두언의 주요 집필자였다. 여기서는 그중 15편을 추려 신는다.

요시다 쇼인과 후쿠자와 유키치를
찬미하지 말라

　전후 반세기가 지난 지금도 "그 전쟁은 당시로서는 불가피했다"라든지, "동남아시아에 대해서는 특별히 침략할 의도는 없었으며, 영미를 적국으로 삼아 싸우며 전투한 것에 불과하다"는 의견이 건재하다. 최근 "일본은 조선에서 좋은 일도 했다"는 장관의 폭언까지 있었다. 그리고 요시다 쇼인(吉田松陰)이나 후쿠자와 유키치(福沢諭吉), 사이고 다카모리(西郷隆盛) 같은 막부(幕府) 말기부터 메이지 시대에 활동한 사상가와 정치가에 대한 일본인의 평가도 크게 달라지지 않은 것으로 보인다. 앞의 인물들이 일본의 근대화에 기여한 일정한 공적은 인정된다 해도, 침략에 관해서는 과연 어떤 입장을 취했을까.

요시다 쇼인의 명백한 침략 사상

구미 열강이 흑선(黑船)으로 일본에 밀어닥쳤을 당시 쇼인의 사상은 곧 메이지 시대를 상징하는 국제 전략이었다. 즉 "지금 무력 침략 준비를 서둘러 군함을 갖추어, 포가 충분하면 즉시 에조(蝦夷)를 개척하여 제후를 봉건하고, 기회를 틈타 캄차카와 오호츠크를 빼앗고, 류큐를 깨우치며… 조선을 꾸짖어 조공을 바치게 함으로써 옛날의 영화를 되찾고, 북쪽으로는 만주를 점령하고, 남쪽으로는 대만과 루손섬을 손에 넣어 그러한 후민(後民)을 사랑하여 군인을 기르고…"(『吉田松陰全集』第1卷)라고 그는 설파했다. 나아가 "러시아와 미국과 강화조약을 체결한 이상, 우리가 이것을 파기하여 외국에 신용을 잃어서는 안 된다. 다만 장정(章程)을 엄격히 준수하고, 신의를 두텁게 하면서, 그러한 와중에 국력을 배양하는 한편 쉽게 손에 넣을 수 있는 조선과 만주, 중국 영토를 점령하여 복종시켜 러시아, 미국과의 교역에서 잃은 국부와 토지를 조선과 만주를 통해 매우는 것이 상책이다"(『吉田松陰全集』第5卷)라고 그 전략을 해설하고 있다.

이것은 러시아와 미국과의 불평등조약이 아무리 부당해도 한번 맺은 조약은 지켜야 하며, 구미 열강과의 정면충돌을 피하고 그 손실은 만주나 조선에서 보충하면 된다는 뜻이다. 나아가 대만과 필리핀의 루손섬까지 대상으로 한 거대한 아시아 침략 사상이다. 요시다 쇼인을 스승으로 섬긴 메이지의 정치가들이 이와 같은 침략 사상을 그대로 한 걸음 한 걸음 실현해나간 것이다.

후쿠자와 유키치의 조선·중국 멸시 사상

"오늘날의 (국제관계를) 도모함에 있어서 우리나라는 이웃 나라의 개명(開明)을 기다려 아시아를 더불어 흥하게 할 여유가 없다. 오히려 그 대오에서 탈피하여 서양의 문명국들과 진퇴를 같이하고, 저 지나(支那, 청나라)와 조선을 대하는 법도 이웃 나라라고 해서 특별히 사이좋게 대우해줄 것도 없다. 바로 서양인이 저들을 대하듯이 처분하면 될 뿐이다. 나쁜 친구를 사귀는 자는 더불어 오명을 피할 길이 없다. 우리는 마음속으로 아시아 동방의 나쁜 친구를 사절해야 한다."

이는 후쿠자와 유키치의 유명한 「탈아론」(『시사신보(時事新報)』, 1885년 3월 16일 자 사설)의 한 부분이다. 문제는 이 사상이 한 사람의 학자의 것이 아니라 일본의 메이지, 다이쇼(大正), 쇼와(昭和) 전 시대를 지배했다는 데 있다.

(1996년 8월 10일, 제7호)

나가사키와 난징을 잇는 여행

난징대학살기념관과 '자매관'이 되다

관장님과의 면담 예정 시간은 8월 16일 오후 2시였다. 약속 시간보다 일찍 도착해 관내를 견학하고 있을 때, 마침 유골 전시실 입구에서 아이를 데리고 온 젊은 부부와 마주쳤다. 우리를 날카롭게 쏘아보는 듯한 시선을 피할 도리가 없었다. 그곳을 빠져나와 새로운 유골 발굴 현장을 맞닥뜨렸는데, 몇 겹으로 포개어진 유골의 상태를 통해 시신이 난폭하게 땅속에 매장되었다는 사실을 쉽게 알아차릴 수 있었다. 나도 모르게 숨을 멈추게 되는 광경이었다. 이 발굴은 1998년부터 1999년까지 이뤄졌는데, 전날 개최한 학술검토회에서 주청산(朱成山) 관장님이 직접 상세하게 그 경위와 연구 결과를 발표하셨다고 한다. 이 기념관[26]이 대학살이 벌어진 지점 중 한 곳에 세워졌다는 사실을 증명하는 내용이었다.

주 관장님은 빡빡한 스케줄로 피로한 기색이 역력했으나 우리 일행을 따뜻하게 맞이해주셨다. 앞으로의 상호 교류를 위한 '의향서(意向書)' 초안까지 준비해주신 데 놀랐다. 4월 나가사키에 오셨을 때부터 지금까지의 경과를 회고하며 자료 제공도 가능하다고 말씀하시는 관장님의 배려에 감사 인사를 드렸다. 동시에, 원폭 '피해'의 땅인 나가사키에서 일본군이 침략과 학살의 '가해'를 자행한 땅인 난징을 생각하는 것의 의미를 강조하고, 솔직하게 자료 제공을 요청했다. 이에 대해 관장님은『침략 일본군 난징 대학살 폭행 사진집(侵華日軍南京大虐殺暴行照片集)』을 앞에 놓고, "이 중에서 10여 점 자유롭게 고르세요"라고 말씀하셨다. 너무도 유명하며 기념관의 간판이라고도 할 수 있는 사진집에서 자유롭게 선택하라니, 전혀 예상하지 못한 일이었다. 나는 아무 말도 못 한 채 그저 눈물만 복받쳐 올랐다. 이윽고 맨 먼저 표지의 사진을 가리켰으나, 최종 선정은 3인이 그 자리에서 결정할 수 없어 나가사키에 돌아가서 정하기로 했다.

그 후 상호 간에 주고받은 자매관 협정 체결 문서인 '의향서'(합의서)는 회보의 다른 지면에 별도 게재한 내용과 같다. 난징대학살기념관과 나가사키 평화자료관의 제휴는 우리의 의욕과 능력에 따라

---

26 침략 일본군 난징대학살 조난 동포 기념관(侵华日军南京大屠杀遇难同胞纪念馆, 이하 난징대학살기념관 또는 난징기념관, 난징관).(옮긴이 주)

얼마든지 광범위하게 진전될 가능성이 있다. 나가사키 평화자료관에 전시된 사진 2점의 사본을 출전을 명시하여 난징관에 송부하는 일과 해군 오무라 비행장의 연구, 난징관이 제공한 자료의 공개 및 생존자 증언 집회를 실현하는 일 등이 당면 과제다.

나가사키와 난징을 잇는 의의

지칠 대로 지친 와중에도 관장님은 우리를 저녁 식사에 초대해 관장 보좌인 리우(劉) 선생, 사무장인 량(梁) 선생, 통역을 맡은 창(常) 선생 등과 함께 술잔을 나눌 기회도 주셨다. 깊은 감사 인사를 드리며 헤어졌는데, 여행의 목적을 달성했다는 기쁨 한편으로 앞으로의 사명을 생각하니 일말의 불안도 느꼈다.

이번 방중에서는 베이징, 난징, 상하이 어디서든 중국인의 쏘아보는 듯한 시선을 몇 번이나 조우했다. 지난 방문 때보다 더 심해졌다. 그 이유를 설명하기에는 지면의 한계가 있지만, 공정한 역사 인식을 공유하지 않는 일본의 현 상황에 대한 중국인들의 분노가 확실히 높아졌다고 보아야 할 것이다. 나가사키와 난징을 잇는 일의 의미를 몇 번이고 재확인하면서 귀국길에 올랐다.

(2000년 9월 1일 제25호, 부분 발췌)

세기를 넘어 '전사불망'을

작은 자료관의 큰 사명

드디어 21세기가 되었습니다. 일본의 침략과 전쟁책임, 핵 폐기도 새로운 세기의 과제로 미루어졌습니다. 세기말이던 작년 12월 8일, '자료관'을 리뉴얼 오픈하고, 9일에는 '난징대학살 증언집회'를 개최했는데, 역사를 청산하는 일에 세기의 장벽 같은 것이 있을 수 없습니다. 난징대학살기념관에서 제공받은 사진 자료 전시를 중심으로 한 리뉴얼이 완성된 것은 8일 새벽 2시 반이었습니다. 5년 전 개관 당시와 마찬가지로 자원봉사를 해주신 분들이 계시지 않았다면 불가능했을 것입니다. 진심으로 감사드립니다.

난징에서 만행을 저지른 일본군의 잔인함에는 재차 놀랐습니다.

이 사실은 전시(戰時) 중에는 전혀 알려지지 않았고 전후에도 충분히 알려지지 않았는데, 오히려 난징대학살에 대해 '날조설'마저 횡행하는 현실을 보고 있자니 정말로 기가 찹니다. 민간의 작은 자료관이지만 우리에게 주어진 사명이 매우 크다고 하지 않을 수 없습니다. 멍궈샹(孟國祥) 선생이 증언집회에 참석하여 "(나가사키 자료관은) 작지만 평화 우호에 대한 열의를 가지고 있다. 중일 국교회복 때와 같이 우호는 민간으로부터 싹튼다"고 하신 말씀에는 대단히 송구함을 느끼면서도, 우리 자료관의 충실함과 발전을 위해 더욱 노력할 것을 새롭게 결심했습니다.

후구이잉(胡桂英) 씨의 생생한 증언과 멍궈샹 선생의 학문적 입증은 약 200명의 참가자를 사로잡았고, 눈물이 글썽글썽한 후구이잉 씨의 눈빛이 회장의 고요함을 한층 더 부각시켰습니다. 그녀는 "당시의 사진을 보기만 해도 몸이 떨린다"고 말씀하셨습니다. 80세에 가까운 그녀의 증언을 누가 부정할 수 있겠습니까. 멍궈샹 선생의 강연은 학문적으로 이를 뒷받침해주는 것으로서, 학살, 강간, 방화, 약탈의 방대한 사실을 모두 입증하며, 힘 있게 '난징대학살 날조설'을 규탄했습니다. 일본 침략군에 의해 희생된 동포를 향한 그의 뜨거운 마음이 느껴졌습니다. 역사를 공유한다는 것은 우리가 원폭 희생자를 생각할 때처럼, 난징대학살 희생자를 생각하는 중국인의 뜨거운 마음도 이해하는 것이라고 청중 모두가 생각했을 것입니다.

난징기념관과의 우호를 깊게 하는 또 하나의 일이 있었습니다. 난

징기념관 측으로부터 난징 함락 직후에 '쇼와 천황'이 장병에게 내린 '격려의 말(お言葉)'을 보도한 신문 기사와『무적황군(無敵皇軍)』(長崎民友新聞社, 1938)에 게재된 사진 2장을 구해달라는 요청을 받았는데, 전자는 기사 사본을, 후자는 사진으로 찍어서 저작권 문제를 해결한 후 난징기념관에 보낼 수 있었습니다. '불망의 날(不忘の日)'인 12월 13일(난징대학살 희생자 추모일) 전에 이 일을 달성할 수 있었던 것도 증언집회 못지않은 큰 활동이었다고 생각합니다.

(2001년 1월 1일 제26호, 부분 발췌)

'반일(反日)'이라고 말하기 전에

깊어지는 역사 인식의 골

한일정상회담(2005년 6월 20일)은 최대 초점이 역사 인식 문제였으나 평행선을 달리며 오히려 골만 더 깊어진 것 같습니다. 중국에서는 4월에 일본을 비판하는 시위가 연속적으로 일어나 양국의 역사 인식 차이를 드러냈습니다. 그러나 한국과 중국에서 직접적으로 시정을 요구한 대상은 일본 정부의 역사 인식이지, 민중의 역사관을 묻는 것은 아니었습니다. 한국도 중국도 특별히 고이즈미 준이치로(小泉純一郎) 총리의 야스쿠니신사 참배를 역사 문제의 핵심으로 문제 삼으며 참배 행위 중지를 정치 과제로 요구했습니다. 이것은 국제관계상에서는 당연한 흐름이지만, 제가 여기서 묻고 싶은 것은 오히려 일본 민중의 역사 인식입니다. 총리의 야스쿠니신사 참배도, 역사교과서의 개악도 국내에서 시끌벅적한 비판을 통해 저지하지 못하는 것은 이를 용인하는 사람들과 무관심한 사람들이 과반수이기 때문입니다. 우리는 이 사태를 심각하게 받아들여야 합니다.

위험한 풀뿌리 내셔널리즘

한국과 중국에서의 일본 비판 시위가 보도됨에 따라 일본 국내에 풀뿌리 내셔널리즘이 고양되고 있는 것 같습니다. 또 이를 부채질하는 영상 보도와 감정적인 반발을 자극하는 논조가 갑자기 증가하고 있습니다. 확실히 항의 행동의 폭력적인 장면만을 반복해서 접하면 반발심이 생길 것입니다. 진의를 의심하고 싶어질 것입니다. 그러나 감정적인 반발은 사실(史實)에 대한 무지나 무관심이 야기하는 현상입니다. 사실을 올바르게 알고 있으면 이를 막을 수 있습니다. 시위의 배경을 생각하면, 도를 넘어선 부분에 대해서만 비판하는 이성적인 판단도 충분히 가능합니다. 전전(戰前)의 예를 굳이 들 필요도 없이 풀뿌리 내셔널리즘만큼 무서운 것은 없습니다.

한국과 중국에서의 움직임을 무턱대고 비난하는 사람은 무지나 무관심에 편승해 이 풀뿌리 내셔널리즘을 부채질하려 하고 있습니다. 그런 의미에서도 겸허히 역사에 시선을 돌릴 필요가 있습니다.

역사의 은폐와 왜곡을 꾀하는 사람들에게 이용당해서는 안 됩니다.

누가 '반일'이라 명명했나

텔레비전이나 신문이 앞장서 사용한 '반일 시위', '반일 교육'이라는 표현은 민중이 명명한 것이 아니라, 어디까지나 언론이 만들어 낸 것입니다. 그리고 이런 말들이 거의 정착한 것을 보면 언론은 그 잘못의 위험성을 깨닫지 못한 것 같습니다. '반일'이라는 표현에는 '일본에 대적'한다는 뉘앙스가 감돕니다. 단순한 일본 비판과는 전혀 다릅니다. 한국이나 중국은 일본에 '대적'하려고 하는 것일까요? 그렇지 않습니다. 총리를 향해 야스쿠니신사 참배를 하지 마라, 근대사를 왜곡하는 교과서는 검정에 합격시키지 마라는 것에 불과합니다. '반일'이라는 표현에 악의적인 의도가 없다고 한다면 스스로 역사 인식이 얕음을 폭로한 것이며, 국민에게 '반한(反韓)', '반중(反中)' 감정을 품게 하는 잘못을 범하는 일입니다. 본래 언론이 경계해야 하는 것은 정치권력에 대한 굴복과 내셔널리즘에 가담하는 일이기 때문입니다.

'반일'이라고 말하기 전에

　일본은 과거의 침략에 대해 이미 몇 번이나 사죄를 했다고 말하는 사람들이 있습니다. 그러나 일본은 배상을 철저히 거부하고 있습니다. 뿐만 아니라 헌법 위반이기도 한 총리의 야스쿠니신사 참배나 역사교과서의 개악이 강행되는 것을 보면, 말과 행위가 다른 불성실한 태도라고 비판을 받는 것도 당연합니다. 이 점에서 독일과의 차이가 강조되는 것도 피할 수 없습니다. 더욱이 최근 중국에 대한 '정부개발원조(ODA)'가 자주 언급되는데, 이것은 대부분이 엔(円) 차관(엔화에 의한 자금의 대차)이지 무상원조가 아니라는 사실을 알아야 합니다. 일본 국민이야말로 중일 국교 회복(1972년) 때 중국이 배상 청구를 포기한 사실을 모르는 사람이 너무 많은 것 아닐까요? 그와 같은 결단을 내린 당시, 저우언라이(周恩來) 중국공산당 총리와 비교하면서 현대 중국 정부의 주석을 도량이 좁은 사람인 것처럼 논평하기까지 하는데, 이는 격한 반발을 살 뿐입니다. 한국 정부도 중국 정부도 '반일'이 아니라고 표명하고 있습니다. 저는 여기에 한국의 노무현 대통령이 2005년 3·1독립운동기념일에 발표한 기념사의 한 부분을 인용하고자 합니다. 과연 '반일'이라는 낙인을 찍어 마땅한지 여러분이 직접 판단해주시기 바랍니다.

　"저는 (북한의 일본인) 납치 문제에 따른 일본 국민의 분노를 충분히 이해합니다. 마찬가지로 일본도 입장을 바꾸어 생각해보아야 합니다. 일제 36년간, 강제징용부터 일본군 '위안부' 문제에 이르기까지 수천수만 배의 고통을 받은 우리 국민의 분노를 이해해야 합니다. 일본의 지성에 다시 한번 호소합니다. 진실한 자기반성의 토대 위에 한일 간의 감정적인 응어리를 없애고 상처를 치유하기 위해 앞장서야 합니다. 그렇지 않으면 과거의 속박에서 벗어날 수 없습니다. 아무리 경제력이 강하고 군비를 강화해도 이웃의 신뢰를 얻고 국제사회에서 지도적인 국가가 되는 것은 어려울 것입니다. 독일은 그것을 해냈습니다. 그리고 그만큼의 대우를 받고 있습니다. 그들은 스스로 진실을 밝히고 사죄와 보상을 하는 도의적인 결단을 통하여 유럽연합(EU)의 주역으로 나아갈 수 있었던 것입니다."

(2005년 7월 1일, 제40호)

톈진으로의 여행

강제 연행 희생자를 추도하다

강제 연행 희생자 추도식에 참가하기 위해
톈진으로

작년 11월 2일과 3일 톈진의 '재일순난열사·노공기념관(在日殉
難烈士·労工記念館)'에서 거행된 중국인 강제 연행 희생자 추도식
에 참가했습니다. 유골 송환이 개시된 지 55주년을 맞아 희생자의
유족을 비롯하여 중국 내외에서 300명 넘는 사람들이 모였습니다.
1944년부터 일본 패전까지 고작 1년여 동안 6830명이나 되는 희생
자를 만든 중국인 강제 연행의 실태를 고발함과 동시에 아직도 사죄
와 보상 없이 미해결 상태로 방치된 현상을 어떻게 타파할 것인가를
토론하는 모임도 있었습니다. 왜 희생자의 유골이 톈진에 있는가 하

면, 1953년부터 1964년까지 9차에 걸쳐 민간의 발의와 노력에 의해 2863구의 유골이 톈진으로 송환되었기 때문입니다. 나가사키 원폭 희생자의 유골도 이 기념관에 안치되어 있습니다. 또한 강제 연행의 대부분이 이 톈진의 항구를 통해 이루어졌다는 점도 잊어서는 안 됩니다.

나가사키 재판과
추도비 건립의 경위를 보고하다

추도식 이후 톈진 외국어학원에서 집회가 열렸고, 그곳에서 많은 보고와 의견 발표, 제안이 있었습니다. 여기서는 수첩에 메모한 기록 중 나가사키에 관련된 두세 가지의 인상기를 나누고자 합니다. 챠오아이민(喬愛民) 씨가 원통함과 사죄·배상의 요구를 절절하게 주장하는 가운데, 나가사키 중국인 원폭 희생자 추도비 건립에 대해 애처로울 정도로 감사를 표명해주셨습니다. 하나오카 연의회(花岡聯誼會)의 왕홍(王紅) 씨도 이 추도비의 제막식에 참가했던 추억을 언급하며 "나가사키의 활동을 배워야 한다"고까지 말씀하셔서 가슴이 뜨거워졌습니다. 민중끼리의 신뢰와 우호의 끈은 국경을 넘어 강화되고 있음을 느꼈고, 일본 정부와 사법부의 무책임은 반드시 반성해야 할 때가 올 거라고 믿습니다. 저는 중국인 강제 연행 나가사키

소송에 대한 후쿠오카 고등재판소의 판결(2008년 10월 20일)[27]을 비판하고, 나가사키 중국인 원폭 희생자 추도비 건립의 경위를 보고했습니다. 투쟁하는 양국의 민중이 서로 연대하는 것이 정치적 해결을 실현할 것이라는 확신을 강조했습니다.

두 개의 '연의회'가 만나
공동 투쟁을 표명

지역별 분과회도 열려 나가사키 분과회에서는 미쓰비시가 운영한 3개 탄광과 닛테쓰광업 시카마치 탄광의 관계자 약 40명이 함께 이야기를 나누었습니다. 서두에 추도비에 관한 보고집을 한 사람씩 차례대로 회람하도록 했더니, 너덜너덜해질 정도로 페이지를 넘기며 매우 기뻐하셨습니다. 그러나 생존자의 출석은 장스제(張世傑) 씨 한 사람뿐인 것을 보고, 이제 시간이 얼마 남지 않았다는 초조감을 느꼈습니다. 미쓰비시 연의회와 닛테쓰광업 시카마치 연의회, 이 두 조직의 회원이 한자리에 모인 것은 처음이었습니다. 소송을 희망

---

27 나가사키현의 탄광으로 강제 연행된 중국인 노동자와 유족 등 10명이 일본 정부와 나가사키 현, 미쓰비시머티리얼 등에 손해배상을 청구한 중국인 강제 연행 나가사키 소송 항소심 판결에서 후쿠오카 고등재판소는 원고의 청구를 기각했다. 강제 연행과 강제 노동으로 인해 입은 정신적, 신체적 피해와 고통은 인정하면서도 1972년 중일 공동성명에 따라 중국인의 개인 배상청구권은 포기되었다는 논리였다. 이는 2007년 4월에 나온 니시마쓰 소송 최고재 판소 판결을 답습한 것이었다.

한 시카마치 연의회도 올여름 닛테쓰광업과 직접 절충의 실마리를 잡은 일이나, 니시마쓰 강제 연행 중국인 피해자 소송에 대한 최고재판소의 부당판결(2007년 4월 27일)[28] 및 기업 측에 피해자 구제를 위해 자체적으로 노력할 것을 권고한 '부언(付言)'에 따른 동향에 관해 이야기를 나누었습니다. 나가사키 중국인 원폭 희생자 추도비 제막식에 대표 2명, 우샤오귀(鳴小國) 씨와 자오차오루(趙巧茹) 씨가 열석했던 시카마치 연의회에서는 향후 미쓰비시 연의회와 똘똘 뭉쳐 흔쾌히 싸울 뜻을 표명했습니다. 희망을 가지고 어려움을 헤쳐나가는 연대감에 저는 평생 잊을 수 없는 감동을 느꼈습니다.

류펑쉐 씨의 '유골' 앞에서
진상규명을 다짐하다

텐진 여행에는 또 하나의 목적이 더 있었습니다. 그것은 원폭 희

---

28 히로시마의 수력발전소 건설 현장 등으로 강제 연행된 중국인 노동자들이 해당 기업인 니시마쓰건설을 상대로 제기한 손해배상청구소송에 대하여, 최고재판소는 개인 청구권은 중일 간의 공동성명에 의해 이미 포기되었다며 원고 패소 판결을 내렸다. 이는 2심 재판에서 승소한 판결을 뒤집은 것이었다. 그러나 최종 판결과는 별도의 부언 형식으로, 니시마쓰건설에 대하여 피해자의 구제를 위해 노력할 것을 권고했다. 결국 2년 뒤 화해가 성립되어 피고인 니시마쓰건설은 강제 연행 사실을 인정하고 사죄하며, 기금 출연을 통해 보상금을 지불했다. 앞에 언급된 나가사키 강제 연행 피해자들의 소송도 법정에서는 이 최고재판소의 판결을 답습했으나 '부언'이 계기가 되어, 2016년 6월 화해가 성립되고 미쓰비시머티리얼이 피해자에게 보상금을 지불하기로 합의했다.(옮긴이 주)

생자로 간주되었던 류펑쉐(劉鳳學) 씨의 유골함을 확인하는 일이었습니다. 류펑쉐 씨는 원폭 희생자로서 '유골'이 송환되었지만, 실제로는 경찰 취조 중 사망한 것으로 판명되었기 때문입니다. 추도 집회 종료 후에 왕홍제(王洪傑) 씨와 톈진 외국어학원 일본어학과의 여학생 2명의 열렬한 협력을 받아 다시 유골관을 방문했습니다. 엄청나게 많은 유골함 가운데 '류펑쉐의 넋'이라고 먹으로 쓰인 글씨와 흰 천으로 감싼 유골함을 찾았을 때, 저는 눈물이 솟구쳐 올랐습니다. "이것은 류펑쉐 씨의 유골이 아니지 않을까" 하는 의혹과 더불어, 그의 원통한 죽음이 자꾸만 가슴을 쳐 진상규명을 다짐하지 않을 수 없었습니다.

영화 〈야스쿠니(靖国)〉(2007)를 통해 선명하게 기억에 남아 있는 대만의 가오진쑤메이(高金素梅) 씨가 전체 회장에서 우서사건(霧社事件)[29]의 증거 사진을 보여주며 열변을 토하던 장면도 강하게 인상에 남았습니다. 중국과 연락을 주고받을 때 많은 도움을 받는 저의 제자 리커(李克) 군 부부가 환영해준 것도 잊을 수 없는 추억이 되었습니다.

(2009년 1월 1일, 제52호)

---

29 1930년 일본 제국의 식민 지배를 받던 대만 원주민 싸이더커족(賽德克族)의 항일 봉기로, 일본군의 토벌에 의해 700여 명의 원주민들이 학살되거나 자살로 내몰렸던 사건이다.(네이버 일본어 사전, 옮긴이 주)

시험대에 오른 '역사를 직시하는 용기'

다시 선양·하얼빈을 다녀와

'중일우호 희망의 날개(日中友好·希望の翼)' 단체 학생들과 함께 올여름 1년 반 만에 상하이와 난징을 방문했다. 나에게 있어서 이 여정은 여덟 번째인데, "일본군은 어떻게 그토록 잔인한 일을 할 수 있었는가, 일본 국민의 다수는 왜 그 사실을 모르는가, 어떻게 모르는 채로 있을 수 있는가" 하는 세 가지 의문은 이번에도 더욱 깊어지기만 했다. 이어서 한 달 후에는 우리 평화자료관이 4년 만에 기획한 '선양(瀋陽)·하얼빈(哈爾濱) 여행'에 참가하여, 핑딩산 학살 기념관(平頂山慘案紀念館)[30], 푸순 전범관리소 터(撫順戰犯管理所跡)[31],

---

30 1932년 9월 16일 푸순 핑딩산에서 일본군이 주민 3000여 명을 무차별 학살한 사건을 전시하고 있다.(옮긴이 주)

31 1950년 7월부터 일제 전범들을 수용하며 보복 행위 없이 인간다운 처우를 제공하고, 스스로

9·18 역사박물관(9·18歷史博物館)[32], 중국 침략 일본군 731부대 죄증진열관(侵華日軍第七三一部隊罪証陳列館)[33]을 방문했다. 고작 4박 5일의 단기간이지만, 단원 11명이 일본의 전쟁책임을 마음에 새기는 여행이었다. 내가 느낀 감상의 일부분을 『니시자카통신』의 독자분들과 나누고자 한다.

세 가지 의문을 푸는 여행

푸순 전범관리소에 관한 사전 학습 자료『우리는 중국에서 무슨 일을 했나―전 일본인 전범의 기록(私たちは中国でなにをしたか―元日本人戦犯の記録)』(中国帰還者連絡会編集委員会, 新風書房, 1995)에서, 관리소의 직원들이 "전범들의 머릿속에는 어떤 사상이 깃들어 있는가"를 규명해 5가지 항목으로 정리한 구절(219쪽)을 발견했을 때, 첫 번째 의문이 풀린 것 같았다.

(1) 절대복종. 명령은 절대적이라는 사상이 뼛속까지 스며들어 있

범죄를 자백하고 반성하여 교화하는 전범 개조 정책을 실시했다.(옮긴이 주)

32 1931년 9월 18일 만주사변을 기점으로 본격화된 일제의 중국 침략과 이에 맞서 싸운 중국 항일 투쟁의 역사를 기념하는 박물관이다.(옮긴이 주)

33 2차 세계대전 당시 중국 헤이룽장성(黑龍江省) 하얼빈에 주둔했던 일제 관동군 산하의 세균전 부대인 731부대가 중국인 포로와 항일운동가, 조선인 독립운동가를 비롯하여 영유아와 임산부에 이르기까지 수많은 사람을 대상으로 잔혹한 생체실험을 자행한 범죄를 고발하고 전시하고 있다.(옮긴이 주)

다.

(2) 맹목적으로 천황을 숭배하고 천황을 '현인신(現人神)'으로 인식하고 있다.

(3) 천황을 위해 죽는 것이나 사람을 죽이는 일을 무사도(武士道) 정신이라고 말한다.

(4) 뿌리 깊은 민족 우월감을 가지고, 야마토(大和) 민족은 '신의 자손'이며 세계 재패는 일본의 사명이라는 사상을 가지고 있다.

(5) 일본은 국토가 협소하여 해외 침략은 민족의 생존을 위하여 정당한 행위라고 생각하고 있다.

이상이 그 5가지 항목이다. 이 5가지 항목은 인간성을 완전히 상실한 일본군 정신 구조의 핵심을 간파하고 있다. 그리고 이 정신 구조로부터 그들을 해방시키는 것이 '푸순 전범관리소' 직원들에게 부여된 길고도 어려운 사명이었다.

의문이 풀림과 동시에, 전후 일본은 이 5가지 항목을 근본적으로 반성하지도 않았고 극복하지도 못한 게 아닐까 하는 새로운 의문을 피해갈 수 없었다. 그로 인해 "전쟁이니까 어쩔 수 없다", "죽이지 않으면 죽임을 당한다"는 변명이나 '침략부정론'까지 버젓이 통용되고 있는 게 아닐까 하고 말이다. 이 새로운 의문은 두 번째, 세 번째 의문을 푸는 열쇠이기도 했다. 일본은 전전(戰前)의 체제를 질질 끌고 있기 때문에 전쟁책임을 외면하고도 태연한 것이라고 생각한다.

731부대의 전쟁범죄를 인정하지 않는
일본 정부

'731부대 죄증진열관'의 전시 내용은 4년 전 방문 때보다 확충되었고 동시에 삭제된 부분도 있었다. 자극적인 전시를 애써 억누르고 논리적인 추궁으로 중점을 옮기고 있는 듯했다. 여기서 특히 강조하고 싶은 것은 "일본 정부의 자세"라고 적어놓은 안내판이다. '국가의 공식 견해'로서 "1982년 4월 6일, 한 국회의원이 '생체실험을 실시한 731부대의 규모·배치상황'에 대하여 질문한 데 대해서 후생성은 내부 자료를 근거로 부대원 총수(3599명) 등을 답변했다. 일본 정부가 공식적으로 731부대의 존재를 인정한 것은 이때가 처음이다. 그러나 731부대의 인체 실험과 세균전 실행에 관해서는 인정하지 않고 지금도 그 태도를 바꾸지 않고 있다. 더욱이 미국으로부터의 관계 자료 요청과 조사를 요구받았으나 외무성은 이것을 거부하고 있다"고 기술했다. 그리고 미국으로부터의 반환 자료는 "방위청의 전사실로 옮겨졌다"는 사실도 언급하며, "일본의 전쟁책임을 밝히고 과거를 청산하는 열쇠는 바로 일본 정부의 손에 달려 있다고 할 수 있다"는 말로 맺고 있다.

음산하고 오싹한 731부대의 인체 실험과 세균전은 다수의 증거 자료에 의해 세계적으로 알려져 있는데도 불구하고, 일본 정부가 그 사실과 책임을 인정하지 않는 자세에서도 침략전쟁과 이를 지탱한 정신 구조에 대한 반성이 결정적으로 결여되어 있다는 사실을 알 수 있다.

진정으로 '역사를 직시하는 용기를'

유엔총회에 출석한 하토야마(鳩山由紀夫) 총리가 한국의 이명박 대통령과의 회담에서 "새 정권은 역사를 제대로 바라볼 용기를 가지고 있다"고 발언했다는 기사(『나가사키신문』, 9월 25일 자)를 귀국 직후에 보았다. 기사는 "미래지향적인 한일 관계를 발전시키고 싶다"고 썼는데, 역사를 바탕으로 한 '미래지향'의 표명이라고 이해된다. 물론 역사 인식은 한일 관계에 관한 문제에 국한되지 않는다. "역사를 직시하는 용기"란 아시아 전역에 미친 일본의 침략전쟁과 그 정신적 기반에 대한 깊은 반성과 극복을 동반하는 것이어야 한다. 만일 다시 '과거를 봉인한 미래지향'으로 끝난다면, 아시아 전역의 빈축을 살 것이며 '우호 외교'도 실패할 것이다. 새 정권뿐 아니라, 일본 국민 자신의 '역사를 직시하는 용기'도 시험대에 올랐다고 할 수 있다.

(2009년 10월 1일, 제55호)

한국의 히로시마 합천을 다녀와서

2010년 5월 4일부터 8일까지 오랜만에 한국을 방문해 합천, 대구, 부산을 다녀왔습니다. '평화시민연대' 강제숙 대표의 강연 요청에 따라 방한한 것인데, 애초의 목적을 뛰어넘어 깊이 있는 배움의 여행이 되었습니다. 그 깊고 무거운 감회를 전부 기행문으로 남기고 싶을 정도입니다. 본고는 합천 편의 일부분이라 생각하고 읽어주시면 좋겠습니다.

1995년 봄, 서정우 씨와 그의 고향[경남 의령]을 방문하는 길에 잠시 들르고서는 15년 만에 다시 찾은 합천이었습니다. 부산에서부터 내내 조국의 풍경을 바라보던 옆모습과, 열네 살의 나이로 강제 연행되었던 고향의 밭에서 굵은 눈물을 흘리던 모습이 자꾸만 떠올랐습니다.

한국의 히로시마로 불리는 합천의 '원폭피해자복지회관'에서 고령의 원폭 피해자들이 서로를 위로하며 함께 생활하는 모습을 보고, 재외 원폭 피해자에 대한 일본의 차별 정책에 고통 받았을 시절을 생각하지 않을 수 없었습니다. 일본어로 말씀을 들려주신 분의 언어와 표정에서 그 고통이 엿보여 가슴이 아팠습니다. 피해자분들을 포함한 청중 앞에서 '원폭의 기억과 평화자료관의 역할'이라는 제목으로 강연을 하기에 앞서, 먼저 일본의 침략이라는 원죄를 일본인의 한 사람으로서 사죄했습니다. 침략의 책임을 호도하며 진정한 반성을 게을리하고 있는 일본의 현실을 극복할 수 있도록 노력하겠다는 다짐도 했습니다. 본디 일본 정부에 책임이 있다 하더라도, '한국 병합에 관한 조약(韓国併合に関する条約)'을 아직까지도 합법이었다고 주장하는 현실을 용인하고 있는 것은 일본 국민의 책임이기 때문입니다. 저는 이야기를 시작하며 당시 '조약'의 1, 2조가 군사적 폭력과 비굴하기 짝이 없는 기만의 최대 증거라고 지적했습니다.

제1조 한국 황제 폐하는 한국 전부에 관한 모든 통치권을 완전하고도 영구히 일본국 황제 폐하에게 양여한다.
제2조 일본국 황제 폐하는 앞 조항에 기재한 양여를 수락하고, 한국을 완전히 일본 제국에 병합함을 승낙한다.

한국 황제가 일본 천황에게 통치권의 '양여'를 요청했기 때문에 천황이 이를 '수락'하고 병합을 '승낙'한 것이라고 쓰여 있습니다. 이토록 뻔뻔한 기만이 국제조약의 내용으로 허용될 리가 없습니다. 고종 황제는 당연히 이에 저항하며 국새를 찍지 않았고 동의하지 않았습니다. 이 파렴치한 '조약'에 대하여 한일기본조약(1965년) 당시의 사토 에이사쿠(佐藤栄作) 총리는 "조약인 이상, 이는 양자의 완전한 의사, 평등한 입장에서 체결되었다"고 국회에서 답변하였고, 이 견해가 지금까지도 일본 정부의 견해로 버젓이 통용되고 있습니다. 저는 한국 강제 병합 100년을 맞이하는 올해야말로, 일본 정부는 병합조약이 '원천 무효'(당시부터 무효)임을 선언해야 한다고 강력하게 주장했습니다. 또한 국제법상 무효한 이 '조약' 강요의 배경에 있는 요시다 쇼인(吉田松陰)과 후쿠자와 유키치(福沢諭吉)의 아시아 침략 사상에 대해서도 언급했습니다. 조선 침략은 이들의 '소원 성취'(1905년 각의 결정)이자, '제국 100년의 장계'(1909년 각의 결정)였다고 말함과 동시에, 안중근의 '동양평화론'이 일본의 침략 사상을 철저하게 비판한 숭고한 평화 사상이었다는 점도 강조했습니다.

강연 제목에 맞게 저희 평화자료관의 활동을 소개하기로 하였는데, 먼저는 그 바탕에 놓인 오카 마사하루 선생님의 사상과 실천, 특히 에타지마 해군병학교에서의 반전 궐기와 해군 하사관으로서의 속죄 의식에 주목함과 동시에 한국·조선인 원폭 피해자의 실태조사와 우선적인 원호를 주장하신 것을 소개했습니다. 오카 선생님이 시의회에서 "전쟁책임이 없는 조선인 피폭자야말로 우선적으로 원호받아야 마땅하다"고 주장하셨다는 이야기에 청중분들이 특별히 깊은 감명을 받으셨습니다. 자료관의 전시와 구체적인 활동에 대해서는, 우리 자료관의 신카이 도모히로(新海智広) 이사가 전은옥 객원 연구원의 한국어 음성을 넣어 제작한 DVD 영상으로 소개하여 큰 박수를 받았습니다. 한국에서 평화자료관의 설립을 위해 힘쓰고 계신 분들에게 다소나마 도움이 되지 않았을까 생각합니다.

강연 후 이어진 질의응답 시간에도 MBC와의 인터뷰에서 "원폭 피해자 2세 문제를 어떻게 생각하십니까?"라는 질문을 받았습니다. 이 문제가 정치적으로도, 사회적으로도 중대한 과제로 대두되고 있어 그 대응이 절실하다는 것을 통감했습니다. 이와 관련한 시민운동의 거점으로서 '합천평화의집'이 3월에 설립되었는데, 이번 강연 여행에서 시종 도움을 주셨던 기무라 히데토(木村英人) 선생님과 전은옥 연구원은 이전부터 합천평화의집과 깊은 교류를 하고 계셨습니다. 두 분께 감사드리며, 저도 앞으로 '합천평화의집'의 운동에 함께 하고 싶다고 생각했습니다.

(2010년 7월 1일, 58호)

내셔널리즘에 지지 않는 역사 인식을

'중국에 친근감을 느낀다'가 격감

내셔널리즘의 고양이 평화를 위협하고, 우호 관계를 저해할 뿐 아니라 전쟁의 원인이 될 수 있다는 것은 역사상 헤아릴 수 없을 만큼 많은 실례가 있습니다. 그러나 이 내셔널리즘에 대한 경각심은 국제사회에서 아직 불충분합니다. 일본에서도 이웃 나라와 마찰이 발생할 때마다 내셔널리즘이 고양되는 경향을 부정하기 어렵습니다. 센카쿠(尖閣)열도 부근에서 벌어진 중국 어선과 일본 순시선의 충돌 사건을 계기로 하여 반중(反中) 감정이 급격히 고양되고 있습니다. 2010년 10월에 실시된 내각부의 여론조사에서 "중국에 친근감을 느낀다"는 답변은 작년 조사 때보다 18.5% 감소한 20.0%로 하락

했고, "친근감을 느끼지 않는다"가 19.3% 증가한 77.8%까지 올라, 역대 최고 수준이라고 발표(동년 12월 18일)하였습니다. 이 조사 결과에 대하여 외무성은 "9월 중국어선 충돌 사건에서 중일 양국 간의 긴장이 높아져 국민감정에 큰 영향을 미쳤다"고 분석했습니다.

청일전쟁이 한창 진행 중일 때
센카쿠열도의 영유권을 선언

중국 어선의 충돌 사건이 센카쿠열도의 영유권를 둘러싼 문제인 것은 분명합니다. "센카쿠열도는 일본의 영토이며, 영토 문제는 존재하지 않는다"고 표명한 일본 정부에 대하여 중국 정부는 "중국의 신성한 영토"라고 반발하였고, 중일 관계가 일거에 경색되었습니다. 거센 공방의 과정에서 일본 국민은 "센카쿠열도는 1895년에 일본의 영토에 편입되었다"는 보도 기사도 접했을 것입니다. 근대사의 흐름을 개략적으로나마 이해하고 있다면, 1895년 하면 청일전쟁을 떠올릴 것이고, "일본의 영토"라는 말에서 무언가 명확하지 않다는 의심을 품게 될 것입니다. 사실은 청일전쟁 중이던 그해 1월에 영토 편입을 각의 결정한 것입니다. 즉 그전까지는 중국 지명으로는 댜오위다오(釣魚島)라 칭하며, 일본과 중국 중 어느 쪽에 귀속되는지 불명확하던 작은 섬이 일본의 승전과 함께 각의 결정을 통해 기정사실화

173

한 것입니다.

내셔널리즘에 약한 언론

이상한 것은 이 역사적 경위를 해설하는 보도 기사는 전혀 없다시피 하고, 많은 국민이 충돌 어선의 과격한 행위에만 주목했습니다. 일본이 실효 지배하고 있는 해역에서 벌어진 사건이자, 고의적인 충돌이라는 어선의 불법행위가 비판받는 것은 당연하다 해도, 해역을 둘러싼 귀속 문제가 냉정하고 객관적으로 논평되지 않는 현실은 언론의 책임 방기라고 하지 않을 수 없습니다. 본래 언론은 내셔널리즘과 관련된 사건도 피하지 않고 적극적으로 발언할 책무가 있기 때문입니다. 이와 관련하여 '다케시마(竹島, 한국명은 독도)'를 일본이 '영토 선언'한 것은 1905년의 일이며, 러일전쟁 후의 제2차 한일조약(보호조약)에 따라 통감부를 설치하고 식민지화를 거의 완성한 시기와 겹치는데, 일본의 영유권 주장에 대해 한국 측이 항의했다는 보도는 있어도, 영토 귀속 문제에 관한 양측의 주장을 상세히 논평하는 보도 기사를 본 적이 없습니다. 이런 식으로 해서는 공연히 내셔널리즘을 자극하기만 할 뿐입니다.

옛날부터 공통의 어장이었던 곳

청일전쟁에 의해 일본의 식민지가 된 대만이 센카쿠열도의 영유권을 주장하는 것은 자연스러운 일이라고 생각합니다. 또 이 해역은 일본이 영토 편입을 선언하기 이전, 옛날부터 줄곧 오키나와(류큐), 대만, 중국 푸젠성(福建省) 어민들의 공통의 어장이었다는 점도 생각해봐야 합니다.

중일 간 역사 인식에 깊은 장벽이 잠재

어선 충돌 사건 후 중국에서 잇따른 항일 시위에 불쾌감을 느낀 사람도 많을 것입니다. 그러나 한 척의 어선의 순시선 충돌 사건이 양국의 국민감정을 자극하고 중대한 외교 문제로까지 발전하는 것 자체가 심상치 않으며, 그 원인이 어디에 있을까를 생각해야 합니다. 한마디로 말하면 그것은 역사 인식에 깊은 장벽이 존재하기 때문이라고 저는 생각합니다. 포학하기 그지없었던 일본의 중국 침략 역사가 공통의 인식이 되지 않은 채, 이른바 미청산 상태에 머물러 있는 것이 중국 국민에게 반일 감정을 갖게 하는 잠재적인 원인이라 해도 과언이 아닐 것입니다. 일본 총리의 야스쿠니신사 참배는 반일 감정에 불을 지폈습니다. 731부대의 생체실험이라는 등골 오싹한 전쟁범죄조차 일본 정부는 아직까지 인정하고 있지 않습니다. 또 예를 들면 국교를 회복시킨 '중일 공동성명'(1972년)에서 중국이 "중일 양국 국민의 우호를 위해 일본국에 대한 전쟁배상의 청구를 포기"한 관대한 결단을 인식하고 있는 일본인은 적으며, 반대로 그 결단을 역으로 이용해 일본의 최고재판소가 중국인 강제 연행 재판에서 중국 국민의 전시 손해배상청구권은 소멸했다고 주장하며 "재판상 청구할 권리를 잃었다"는 판결(2007년 4월 27일)을 내린 것도 미청산의 큰 증거입니다. 일본이 청일전쟁의 배상금으로 청국에 3년치 연간 예산에 해당하는 2억 량(兩)을 지불하게 했다는 사실을 생각할 때, 중일전쟁의 배상 청구를 포기한 중국의 '이덕보원(以德報怨)'[원수에게 은덕을 베푸는 일]의 정신을 일본 국민은 결코 잊어서는 안 됩니다. 올바른 역사 인식을 가짐으로써 전쟁은 물론이고 내셔널리즘의 고양을 뿌리부터 막고 싶은 것입니다.

나가이 다카시가 난징에 있었다?

한마디 첨언하고 싶은 것이 있습니다. 지난 12월 12일에 열린 '난징대학살 생존자 증언 나가사키 집회'에서 "난징에서 군의(軍醫)로서 치료를 담당했던 나가이 다카시(永井隆)가 학살에 대해서 아무런 글도 남기지 않았으니 대학살은 사실무근 아니냐"는 취지의 발언을 한 사람이 있었습니다. 그러나 나가이 다카시는 제5사단 소속으로 당시 난징에는 있지 않았습니다. 어떠한 의문이나 문제 제기를 할 때는 사실을 전제로 하지 않으면 기만이라는 비난을 피할 수 없습니다. 또 이러한 발언의 배후에도 역사 인식의 장벽이 엿보인다고 할 수 있을 것입니다.

(2011년 1월 1일, 제60호)

한일조약의 장벽을 넘어

추궁당하는 미해결의 전후 보상

한일조약의 장벽을 넘어선 한국

작년(2011년) 8월, 한국의 헌법재판소는 한국 정부가 '위안부' 문제와 원폭 피해자 문제를 한일조약(청구권 협정, 1965년)에 포함시키지 않은 미해결의 문제라고 표명하고도 일본 정부를 상대로 문제 해결을 위한 교섭을 요구하지 않는 것은 '부작위'에 해당하며 헌법위반이라는 결정을 내렸습니다. 한일조약에는 양국 정부의 견해가 엇갈리는 문제가 발생한 경우에는 외교적 해결을 꾀함과 동시에, 외교적으로 해결되지 않을 경우에는 제3국의 위원을 포함하는 중재위원회를 열어 해결할 것을 명기했기 때문입니다.

이어 올해 5월, 한국 대법원은 미쓰비시중공업과 신일철(新日鐵)

에 전시 중의 강제 연행과 강제 노동에 대한 사죄와 배상을 요구한 피해자의 손해배상청구권은 한일조약에 의해 소멸되지 않았다는 판결을 내렸고, 양사에 한국 내 자산을 통한 배상을 하라고 명령했습니다. 피해자들은 일본 국내 재판에서 "한일조약과 시효에 의해 배상청구권 소멸"이라는 판결을 받아 패소했지만, 이 판결을 정당화하는 것은 "대한민국 헌법의 핵심적 가치와는 정면으로 충돌"하며, "대한민국의 선량한 풍속과 그 외 사회질서에 위반"되는 것임을 명확하게 판단 내린 것입니다. 지금까지 일본의 식민지 지배와 침략 전쟁의 피해자들이 일본에서 재판을 하며 싸워도 "한일조약으로 해결이 되었다"는 판결에 따라 전부 패소했던 원통한 역사에 드디어 반격의 때가 온 것입니다. 일본국의 배상은 포함하지 않고 기업만을 대상으로 한 재판이기 때문에 모든 피해자에게 보상의 길이 열린 것은 아닙니다만, 한일조약의 장벽을 크게 넘어섰다고 말할 수 있습니다.

한일조약을 지키지 않는 일본 정부

한국 헌법재판소의 결정을 받고 이명박 대통령이 한일조약에 근거하여 우선 외교에 의한 해결을 일본 정부에 요구한 데 대해, 일본 정부는 "한일청구권협정에 따라 완전하며 최종적으로 해결되었다"고 주장하면서 외교교섭에 응하지 않았습니다. 이것은 분명한 조약

위반입니다. 또 이 위반을 객관적으로 논평하며 보도하지 않는 언론의 태도도 큰 문제입니다. 노다 요시히코(野田佳彦) 총리는 "인도적 견지에서 지혜를 짜내겠다"고 했지만, '위안부' 문제는 그러한 차원을 넘어선 문제입니다. 유엔을 비롯해 전 세계로부터 사죄와 법적 배상을 요구받고 있는 문제임을 심각하게 받아들이지 않고 있다는 증거입니다. 서울의 주한 일본대사관 앞에 설치된 '평화의 소녀상'에 '일본군의 성적 노예'라고 쓰여 있는 것에 대해 질문을 받았을 때는 "정확한 기술과는 큰 괴리가 있다"고 회답(올해 3월, 참의원 예산위원회)했습니다. 그의 인식이야말로 국제적인 인식과는 '괴리'되어 있습니다. 유엔인권위원회의 보고에도 미국 하원의 '위안부 문제해결'에도 '성적 노예'라고 표현되어 있고, 이것이 보편적인 견해가되어 있습니다. 그것을 부정하고자 하는 것은 오직 일본 정부뿐입니다. 뿐만 아니라 일본 정부는 "군의 개입과 강제성"을 인정한 "고노관방장관 담화"(1993년)을 답습한다고 하면서도 현실에서는 이 담화조차 무시하고 있습니다.

담화에는 "위안소 생활은 강제적인 상황 아래에서의 참담한 것이었습니다"라고 분명히 말하고 있습니다. 조약을 지키지 않고, 국제적인 인식에도 등을 지고, 앞선 정부의 담화도 존중하지 않는 이런 태도는 용납될 수 없습니다.

부정된 '별개회사론'

미쓰비시중공업은 현재의 기업이 전쟁 전의 회사와는 별개의 회사이므로 배상할 의무가 없다고 주장했습니다. 전후의 재벌 해체에 따른 '회사경리응급조치법(会社経理応急措置法)'과 '기업재건정비법(企業再建整備法)'에 따라 별개의 회사가 되었다는 주장입니다. 그러나 한국의 대법원은 "실질적으로 동일성을 그대로 유지하고 있다고 보는 게 합당하다"며, 양사의 전전과 전후의 연속성을 인정하였습니다. 예를 들어 기업 스스로가 "미쓰비시 100년"이라고 자랑하는 것처럼, 기업도 사원도 전전과 전후의 일체성을 자부하고 있습니다. 그러나 일본 국내 재판에서는 이 '별개회사론'(別会社論)이 버젓이 통하여 원고가 패소하고 있으니, 기업의 편을 드는 일본 사법부의 불공평함도 심각한 문제라고 하지 않을 수 없습니다.

미쓰비시 나가사키 조선소에 강제 연행되었다가 민족의 굴욕을 씻기 위해서라도 재판을 통해 싸우겠다고 나선 김순길 씨의 재판(1992~2003년)도 나가사키 지방재판소, 후쿠오카 고등재판소에서 모두 '별개회사론'을 인정하였고, 최고재판소는 '상고불수리(上告不受理)'하였습니다. '별개회사론'을 일축한 한국 대법원의 판결은 일본 고등재판소의 판결을 목전에 두고 타계하신 김순길 씨의 원통함에 대한 응답이라 생각합니다. 또 대법원은 "국가와는 별개의 법인격(法人格)을 가지는 국민 개인의 동의 없이, 국민의 개인 청구권을 직접적으로 소멸시킬 수 있다고 보는 것은 근대법의 원리와 상용되지 않는 점"을 들어 "청구권 협정에서 개인 청구권이 소멸되지 않은 것은 물론이며, 대한민국의 외교 보호권도 폐기되지 않았다고 보는 것이 합당하다"고 판단했으며, 소멸시효에 의한 배상청구권의 소멸이라는 항변에 대해서도 민법의 대원칙인 "신의 성실의 원칙에 반하는 권리의 남용이므로 허용할 수 없다"고 명쾌한 결론을 내렸습니다. 법률이란 본디 무엇을 위해 존재해야 하는가를 생각할 때, '시효'의 남용을 용인한 일본의 사법부야말로 원래의 취지를 잃었다고 할 수 있습니다.

'한일조약의 장벽'을 넘어서게 하고 싶다

'오카 마사하루 기념 나가사키 평화자료관'은 "피해자의 아픔을 마음에 새기고, 전후 보상을 실현하자"고 부르짖어왔습니다. 이 설립 취지를 달성하기 위해서는 한국과의 관계에서 "완전하며 최종적으로 해결"이라는 '한일조약의 장벽'을 넘어설 필요가 있습니다. 한국은 분명히 이 장벽을 넘어섰습니다. 일본도 이 장벽을 극복할 수 있을지 여부는 오직 일본 국민의 의식에 달려 있습니다. "완전하고 최종적으로 해결"되지 않은 보상 문제의 해결이 한국뿐 아니라 전 세계로부터 요구되고 있는 현실임을 엄중하게 받아들여야 합니다.

정치를 움직이는 것도 한 사람 한 사람의 국민입니다. 여론을 환기시키고 일본 정부와 기업에 한일조약의 장벽을 넘어서게 하여 가해 책임을 지게 하고 싶습니다. 우리 국민에게 있어서도 이 장벽이 존재하는 한 한국은 계속해서 "가깝지만 먼 나라"가 될 것이기 때문입니다.

(2012년 7월 1일, 제66호)

'역사윤리'를 묻는 해로

2013년을 맞이하며

2013년이 밝았습니다. 우리 평화자료관은 올해 19년째를 맞이합니다. 이것은 전적으로 회원 여러분 덕분입니다. 올해도 아무쪼록 잘 부탁드립니다. 중고교생을 비롯하여 관람객 여러분이 남겨주신 소감문에 격려를 받으며 자원봉사자 스태프들과 함께 열심히 달려보겠습니다.

그런데 작년 12월의 국정 선거 결과를 어떻게 받아들여야 할까요. 저는 평화와 인권을 위협할 위험한 방향으로 향하고 있다고 생각합니다. "전후 보상의 실현과 비전(非戰)의 다짐을"이라는 우리의 바람도 한층 멀어지는 시련의 때를 맞이한 것 같습니다. 무엇보다도

민의와 차이가 발생하는 선거제도에 문제가 있으니, 표면적인 '압도적 다수'에 동요하지 않고 끈질기게 역풍을 막아낼 필요가 있습니다. 이를 위해서는 역사의 왜곡을 용납하지 않는 사람들의 더욱 힘찬 열의와 결집이 필요하다고 생각합니다.

역사윤리란

더욱 중대한 국면을 맞이했다고 할 수 있는 올해를 우리는 '역사윤리'를 묻는 해로 삼고 싶습니다. 세상에는 정치윤리와 환경윤리라는 말은 존재하지만 '역사윤리'라는 말은 존재하지 않습니다. 그러나 이념으로서는 옛날부터 있었던 것으로 생각하며, 결코 갑작스레 튀어나온 개념이 아닙니다. 한마디로 말하면 그것은 "역사에 책임을 지는 자세"이며, 역사상 많은 나라가 그 책임을 져왔습니다. '윤리'라는 단어의 의미를 고지엔(広辞苑)에서 찾아보면 "인륜의 길. 실제 도덕의 규범이 되는 원리. 도덕"이라고 쓰여 있습니다. 자국의 역사를 돌이켜볼 때, 역사적 사실을 겸허하게 탐구하지 않고 왜곡해서라도 자기변호를 한다면 그 태도는 분명히 '인륜의 길'에 반합니다. 제2차 세계대전은 인류에 반하는 많은 포학을 역사에 새겼습니다만, 전후 독일은 자국의 전쟁책임을 '역사윤리'에 비추어 반성하고 사죄와 배상을 위해 노력했습니다. 이에 반해, 전후 일본은 모든

면에서 매우 불충분해 '역사윤리'에서 벗어나 있다는 국제적 비판이 정착되어 있습니다.

인류의 길에 등 돌린 '위안부' 문제의 현재

저는 아시아의 많은 나라와도, 국제사회와도 여러 면에서 역사 인식을 공유하지 못하는 일본의 현상을 깊게 우려합니다. 그중에서도 일본군 '위안부' 문제에 대한 잘못된 인식을 불식하지 못하고 지금까지 해결하지 않은 채로 방치하면서, 한국 정부의 정식 협의 요구조차 거절하는 사태만큼 '인류의 길'에서 벗어난 일은 없다고 생각합니다. 자민당 총재는 선거 때부터 "위안부의 강제 연행을 증명하는 증거는 없다"고 주장했으나, 이 주장 자체가 '위안부'의 연행은 노동자 연행처럼 각의 결정과 법령에 따라 실시할 수 없었다는 점을 은폐하기 위한 궤변임을 본인이 가장 잘 알고 있을 것입니다. '조선인 노무자 내지 이주에 관한 건'과 같이 '위안부'의 동원을 각의 결정할 수 없었던 것은 아무리 전전의 정부라고는 해도, '군 위안부의 징집에 관한 건' 같은 각의 결정은 꺼려질 뿐 아니라, 매춘업을 하기 위한 부녀 매매 금지에 관한 조약(1910년)이나 부녀 및 아동의 매매 금지에 관한 국제조약(1921년), 노예조약(1926년) 등에 저촉하는 것을 의식하여, 군과 관헌의 면밀한 협력을 통해 연행하는 통첩 방식을 이용했기 때문입니다. 즉 '지나(支那) 도항 부녀의 단속에 관한 건(支那渡航婦女の取締関する件)'(1938년 2월 23일, 내무성 경보국장 통첩)이나 '군 위안소 종업부 등 모집에 관한 건(軍慰安所從業婦等募集に関する件)'(1938년 3월 4일, 육군성 부관 통첩) 등이 이것인데, 이와 관련한 방대한 통첩은 요시미 요시아키(吉見義明) 주오대학(中央大学) 교수가 방위청 방위연구소 도서관에서 발견(1991년, 미군의 몰수를 피했다고 하는 하치오지 문서 안에서 발견)한 것으로써, 저서인 『종군위안부자료집(從軍慰安婦資料集)』(大月書店, 1992년)에 수록되어 있습니다. 이 통첩은 일본군 '위안소'의 운영 배후에 분명 일본군의 개입이 있었다는 사실을 명료하게 보여주는 증거 문서이기도 합니다. 이 하치오지(八王子) 문서 발견 보도에 충격을 받은 당시 미야자와(宮澤) 내각이 총리의 방한과 사죄를 결정하고 '위안부'에 대한 강제성을 인정한 '고노 관방장관 담화'(1993년)를 발표한 것도 주지의 사실입니다. 확실히 조선에서는 위협이나 감언에 의한 연행이 다수를 점했지만, 이것도 형법상의 유괴죄에 해당할 뿐 아니라, 본인의 의사에 반하는 강제 연행임을 인정한 '위안부' 재판의 판결도 적지 않습니다. 더욱이 전장에서는 군대에 의한 폭력적인 연행도 끊이질 않았다는 사실이 요시미 요시아키의 저서 『종군위안부(從軍慰安婦)』(岩波書店, 1995년)에 증거와 함께 기술되어 있습니다. "강제 연행을 증명하는 증거가 없다"는 궤변은 통하지 않습니다.

국제사회가 요구하는 사죄와 법적인 배상

게다가 면밀한 조사에 입각한 유엔인권위원회의 「여성에 대한 폭력과 그 원인 및 결과 보고서」(1996년)와 「맥두걸(McDougall) 보고서」(1998)를 자민당 총재는 어떻게 인식하고 있을까요. 전자는 '위안부' 정책을 인도에 대한 죄라고 단죄하고 사죄와 보상과 후세대에 대한 교육을 권고하고 있으며, 후자는 같은 취지에서 일본 정부의 법적 책임을 인정하고, '여성을 위한 아시아 평화국민기금' 정책(1995년 개시, 2007년 종료)은 일본 정부의 책임 면피라고 강조하였습니다.

사죄와 법적 배상 및 교육을 요구한 것은 유엔만이 아닙니다. 미국 하원 결의(2007년) 이후, 캐나다, 네덜란드, 한국, 필리핀, 대만, 유럽연합(EU) 의회가 요청을 결의했습니다. 유엔 권고와 여러 나라의 의회 결정에 대하여 자민당이 철회 요구를 한 적은 한 번도 없습니다.

추궁당하는 일본인의 인권 의식

나가사키에 오셔서 고통스러웠던 경험을 직접 증언해주신 강덕경 할머니, 김순덕 할머니, 황금주 할머니의 모습을 저는 잊을 수가 없습니다. 인생을 짓밟힌 그녀들의 비통함은 인권침해라는 간단한 단어로 표현할 수 없는 깊은 고통입니다. '위안부' 정책에 희생된 모든 여성이 강제 동원 및 말로는 표현할 수 없는 역경의 산증인이라는 것을, 인간의 진심을 가지고 인정해야 한다고 저는 강력히 주장합니다. 그것이 '역사윤리'에 부합하는 '인류의 길'이기 때문입니다.

난징대학살을 부정하는 나고야 시장의 발언도 세계의 사람들이 귀를 의심하는 역사 왜곡이었습니다. 침략전쟁의 책임을 지지 않는 것뿐 아니라, 그 역사 자체를 부정하는 언동이 끊이지 않고 있습니다.

여기서는 '위안부' 문제에 대해서만 썼지만, 역사를 왜곡하고 부끄러워할 줄 모르는 이와 같은 상황은 일본의 인권 의식이 추궁당하고, 젊은 세대에게 불명예스러운 부담을 강요하는 결과로 이어질 것임을 명심해야 합니다. 너무 늦었다 할지라도 올해야말로 '역사윤리'에 비추어 분명한 한 걸음을 딛는 해로 만들고 싶습니다.

(2013년 1월 1일, 제68호)

흔들림 없는 역사 인식을

총리와 오사카 시장의 망언에 항의하며

근대 일본의 침략을 부정하는 총리

정권에 복귀한 아베 신조 총리는 올해 4월 23일, "침략의 정의는 정해져 있지 않다. 나라와 나라 간의 관계에 있어서 어느 쪽에서 보는가에 따라 다르다"고 국회에서 답변했습니다. 또 '위안부' 문제에 관해서 정권 복귀 전부터 "강제 연행을 직접 뒷받침하는 문서는 발견되지 않았다"고 몇 번이나 발언하며, 고노 담화(1993년)의 재검토를 시사했습니다.

일본군 '위안부' 제도를 당연시하는 오사카 시장

하시모토 도루(橋下徹) 오사카 시장은 올해 5월 13일, "일본국뿐 아니라 많은 나라에서 '위안부' 제도를 활용했다. 총탄이 빗발처럼 날아드는 속에서 (…) '위안부' 제도라는 것이 필요하다는 건 누구라도 안다"는 발언을 했습니다. 또 트위터에 "일본만을 특별히 비난하는 것은 불공정하다"라 썼다(같은 달 17일)고 보도되었습니다. 이에 앞서 작년 8월, "'위안부'를 강제 연행한 증거가 있으면 한국의 여러분이 내놓아보라"고 발언한 것도 기억에 남습니다.

안팎에서 강력한 항의와 발언 철회 요구

총리와 오사카 시장의 발언은 언론에서 상세히 보도했기 때문에 여기서는 요점만 언급했습니다. 이러한 발언에 대해 한국과 중국에서 즉시 항의와 발언 철회 요구가 있었을 뿐 아니라, 미국과 네덜란드, 러시아에서도 비판이 잇달았습니다. 내외 언론에서도 간과할 수 없는 문제라며 민감하게 반응하였고, 동향을 추적하는 보도에 더하여 역사적이며 현대적인 시점에서 깊고 예리한 논평을 전개하였습니다. "총리의 역사 인식을 의심한다", "'하시모토류' 폭주", "미일

관계에 삐걱거림도", "미 보도관 '언어도단'", "하시모토 씨 발언 1
주일, 이해를 요구해도 고립 증식시킬 뿐", "네덜란드에서도 항의",
"원폭 투하는 '신의 징벌'", "아베 신조는 역사를 마주 보는 능력이
없다", "풍속 활용 발언을 철회", "미군과 미국민에 사과", "하시모토
씨에 엄중한 질문 2시간 반" 등등, 신문의 제목을 따라가는 것만으
로도 그들의 발언이 얼마나 심각한 문제인지를 명료하게 이해할 수
있습니다.

아베 신조 총리 발언은 무엇이 문제인가

일본의 침략전쟁은 극동국제군사법정(도쿄재판)에서 "평화에 대
한 죄", "인도에 대한 죄"로서 단죄받았고, 일본 정부는 그 판결을 샌
프란시스코평화조약(1951년)에 따라 수락하였으니, "어느 쪽에서
바라보는가에 따라 다르다"는 말은 명백한 조약 위반이며, 전승국
입장에서는 간과할 수 없는 중대 발언입니다.

또한 일본 정부는 전후 각지에서 이뤄진 연합국 전쟁범죄 법정
(BC급 전쟁범죄 재판)에서의 판결도 앞의 조약을 통해 수락하였기 때
문에, 일본이 침략 행위를 부정하는 것은 구 연합국뿐 아니라 아시
아 전역의 국가들 입장에서도 결코 용인할 수 없는 일입니다.

일본군 '위안부' 문제에 대해서도 제1차 아베 내각 당시(2007년),

'위안부'의 강제 연행과 학대 행위에 관한 증거자료(인도네시아, 동티모르, 베트남, 중국 등에서 7점)가 도쿄재판에 제출된 것이 역사학자에 의해 발표되었을 뿐 아니라, 쓰지모토 기요미(辻元清美) 중의원 의원이 BC급 전쟁범죄 재판에서의 유죄판결 사례를 극명하게 언급하며, 정부에 수차례 질문주의서(質問主意書)[국회의원이 내각에 질문하는 문서]를 제출했기 때문에 아베 총리가 일본군에 의한 다수의 폭력적 연행과 성적 폭행 사실을 모를 리 없습니다. 고의적으로 "발견되지 않았다"고 둘러대는 데 불과합니다. 또한 모토오카 쇼지(本岡昭次) 참의원 의원이 1995년과 이듬해 두 차례에 걸쳐 법무위원회에서 BC급 전쟁범죄 재판의 기록 등(바타비아와 괌의 폭행 사례 등)을 제시하며 정부를 추궁한 바 있습니다. 그런데 정부나 관료가 '위안부'의 노예 상태에 대하여 "모른다"고 우겨대는 것은 '태만'하다기보다 '기만'이라고 말해야 할 것입니다. 쓰지모토 의원의 질문주의서와 모토오카 의원의 국회질의(속기록)는 우리 자료관에서도 파일로 전시하고 있습니다.

덧붙여 유엔인권위원회가 채택한 '쿠마라스와미(Radhika Coomaraswamy) 보고서'(1996년) 및 '맥두걸 보고서'(1998년)에 따라, 일본군 '위안부'를 군대 내 성적 노예 제도가 만들어낸 피해자로 인정하고, 일본 정부에 국제법 위반에 대한 법적 책임 수락과 사죄, 배상, 후세대 교육 등을 권고하고 있는 것을 모른다며 발뺌할 수 있는 문제가 아닙니다. 폭력적인 방식으로 일본군 '위안부'가 된 네덜란드인 여성(인도네시아에서의 억류자)의 피해에 관한 네덜란드 정부의 보고서(1994년)도 있습니다. 더욱이 '위안부' 재판은 국내에서만 10 건에 이릅니다. 8건의 재판에서 사실이 인정되었습니다. 이러한 판결에 관해서도 정부는 모르는 척하고 있습니다. 유엔이나 외국 정부의 판단도, 사법부의 판단도 무시하는 자의적인 정치를 하고 있다고 말하지 않을 수 없습니다.

하시모토 오사카 시장 발언은 무엇이 문제인가

무엇보다도 성노예가 된 여성들의 이루 말할 수 없는 고통을 생각조차 하지 않는 냉혹함이 문제입니다. "위안부는 필요했다"면서 "용인하는 것은 아니다"라고 변명하는 것은 심한 모순이고 아무 설득력도 없습니다. 그의 발언은 '남성은 원래부터 그런 존재다, 여성에게 고통을 주어도 용서받는다'는 말과 똑같습니다. 이는 남성을 모욕하는 일이기도 합니다. 이와 같은 대단한 병폐성 발언에 대해 남성도 항의해야 하고 단호하게 철회를 요구해야 합니다. 전장에 국한해서 보더라도 모든 병사가 '위안소'에 간 것이 아닙니다. 오카 마사하루 선생님은 "그곳에 결코 가지 않았다"고 말씀하셨습니다.

하시모토 시장은 아베 총리와 마찬가지로 강제적인 연행이냐 아니냐 여부에만 초점을 두고 발언했으나, 연행의 강제성보다 '위안소'에서의 노예 상태에 주목해야 합니다. 그렇지 않으면 문제의 본질을 제대로 파악할 수 없습니다.

오사카에서 열린 '위안소' 피해자 증언 집회(5월 25일)에서 요시미 요시아키 주오대 교수가 "일본군 '위안소'에서 여성들은 거주의 자유, 외출의 자유, 폐업의 자유, 거부의 자유가 없었으며, 문자 그대로 성노예 제도였다"고 지적했는데, 바로 이것이 최대의 초점입니다. 그리고 전술한 대로 폭력적인 연행은 연합국 전쟁범죄 법정에서 증명되었음에도 불구하고, 하시모토 시장과 아베 총리가 이를 무시하고 조선에서의 연행 형태만을 논하고 있는 것 역시 중대한 문제입니다. 조선에서도 폭력적인 연행이 있었던 것은 사실이며(伊藤孝司, 「奪われた記憶を求めて」, 『週刊金曜日』 1997年 5月 16日), 대부분은 감언과 강압, 인신매매를 섞어가며 속여서 연행했습니다. 속이는 행위는 사기이므로 형법에서의 '유괴죄'에 해당합니다. "폭행, 협박을 사용한 '약취(略取)'만이 강제 연행이 아니다. '유괴', '인신매매'도 강제 연행에 해당한다"는 요시미 교수의 지적에 주목할 필요가 있습니다. 그것은 전전의 일본과 식민지 조선, 대만에서 시행되었던 형법 226조에 근거한 법적인 지적이기도 합니다.

또한 조선과 대만에서 벌어진 연행 형태는 식민지 지배 구조로 인해 비로소 대대적으로 가능했다는 사실을 간과해서는 안 됩니다. 아베 총리와 하시모토 시장의 망언은 식민지 지배를 반성하지 않는다는 증거입니다.

하시모토 시장은 "일본만 비난하는 것은 불공정하다"고 말했지만, 결코 "외국의 군대도 똑같았다"고 할 수 없습니다. 물론 다른 나라도 다 그랬으니 괜찮다는 사고방식 자체도 용납할 수 없지만, 하시모토 시장의 발언은 외국 군대 사례와의 비교를 왜곡해 고의적으로 일본과 동일시하는 것에 불과합니다.

예컨대 영미(英美) 양군의 경우, 지휘관들 중에는 민간 군용 매춘소를 설치하려고 하거나, 그 존재를 승인했던 사람도 있지만, 다른 지휘관의 반대로 실현되지 못하거나 본국 정부가 폐쇄 명령을 내렸습니다. 북아프리카에서 미군이 군용 매춘소를 계획했을 때는 병사의 부인과 모친들이 맹렬히 반대하여 연방의회에서 문제시되었고 결국 단념한 일은 특히 유명한 사례입니다.

독일군의 경우 군 중앙의 명령에 따라 점령지에 대량의 군용 매춘소를 설치하고, 그 시설의 설비, 감독, 물자 공급은 현지 군사령관이 담당했다고 합니다. 또 동부 유럽의 점령지에서 징집된 여성 중에는 강제 노동을 하거나 군 전용 매춘소로 가거나 하는 선택을 강요당한 여성도 적지 않았습니다. 이러한 사실은 요시미 요시아키와 하야시 히로후미(林博史) 편저인 『일본군 위안부(日本軍慰安婦 ―共同研究)』(大月書店, 1995)에 쓰여 있는데, "문제 중 하나는 전용 매춘소의 폐쇄 명령이 내려졌는가 여부와 여성의 강제 연행, 강제 사역, 미성년자 사역의 존재 여부다. 이점은 앞으로의 연구에서 분명히 밝혀질 것이다. 지금까지 살펴본 바에 따르면 영미 양군과 일본·독일 양군사이에는 큰 차이가 있다. 그것은 군대의 구조와 성격에 원인이 있다"(위의 책 220쪽)는 지적에 주목해야 합니다. 동시에 일본군의 경우 군과 정부의 조직적인 개입하에 식민지와 점령지의 여성을 사기와 폭력적인 수단을 사용해 대량으로 강제 연행했다는 특징에도 주목해야 합니다. 이 정도로 철저한 민족 차별과 점령지 주민 멸시는 독일군도 지적받은 바 없습니다. 일본군의 이러한 특징은 민족 차별 의식과 함께 "전시 이득으로서의 강간의 긍정"(같은 책 220~222쪽)과 "군대 내 질서를 유지하기 위한 일종의 안전장치"로서의 "강간의 묵인"(같은 책 223쪽)이 군대 내에 존재했기 때문이며, 이를 증명하는 전시 회상기 등의 책도 많습니다.

일본군 '위안부' 문제가 여성 차별일 뿐 아니라 인종 차별, 민족 차별, 빈곤계층 차별, 국제법 무시 등의 '복합적인 인권침해 사건'(吉見義明, 『從軍慰安婦』, 岩波書店, 1995, 223쪽)인 이유가 바로 그 점에 있습니다. "이것은 결코 우발적인 것이 아니라 국가가 나서서 추진한 정책이었다는 데 문제의 심각성이 있다"(위의 책)는 것입니다. 전후 일본 정부는 내무성 경보국을 통해 각 부현(府縣) 지사에게 '외국군 주둔지의 위안 시설에 대하여'라는 통첩을 내고, 연합군의 주둔에 대비하여 전용 '위안 시설'('RAA'로 약칭되는 '특수위안시설협회'는 특히 유명)을 설치했는데, 이는 '위안소'를 설치, 관리, 운영한 전시 중의 일본 정부와 일본군의 체질을 뜻밖에 노출시키는 부끄러운 정책이었습니다. 미 주둔군은 한때 이 '위안 시설'을 묵인했지만, 미국제8군사령부의 출입 금지 포고(1946년 3월 25일)에 따라 폐쇄되었고 사라졌습니다. "외국의 군대도 똑같다"고 말할 수 없는 증거가 바로 여기에 있습니다.

하시모토 시장은 고노 관방장관 담화(1993년)를 적대시하며 '위안부' 문제를 축소시키려 하고 있습니다. 고노 담화는 "감언, 강압에 의하는 등 본인들의 의사에 반하여 모집된 사례가 다수 있고, 더욱이 관헌 등이 이에 가담한 일도 있었다는 사실이 밝혀졌다"고 인정했으며 국제적으로 높은 평가를 받았는데, 하시모토 시장은 '일본외국특파원협회'에서의 기자회견(2013년 5월 27일)에서 이 고노 담화를 "부정할 생각은 없다"고 말하면서도, "납치, 인신매매에 대해서는 한일 양국의 역사학자가 사실을 해명할 것을 주장한다", "고노 담화는 이 핵심적인 논점에 대해 회피했다"고 발언했다고 합니다(『마이니치신문』, 2013년 5월 28일 자). 이는 "국가의 의사로 조직적으로 여성을 납치, 인신매매한 사실을 입증하는 증거는 없다는 것이 일본의 입장"이라는 전제에서 한 발언이지, "사실 해명"을 요구하는 취지의 발언이 아닙니다. 왜냐하면 기자가 강제 연행의 증언을 들이대자, 그는 "역사학적인 신빙성에 대해 의견이 분분하다"(『나가사키신문』)고 반발했기 때문입니다. 피해 당사자의 참혹한 증언을 경시하는 태도도 도저히 용서할 수 없지만, 중국과 인도네시아에서의 연행 형태에 주목할 의사도 전혀 없으면서, 조선에서의 연행 형태에만 집착해 문제를 축소하고자 하는 자세는 "한일 간의 위안부를 둘러싼 대립은 고노 담화에서 기인한다는 주장을 전개"(『마이니치신문』)
한 점에서도 현저히 드러납니다. 그가 고노 담화에 "표현을 더 추가
해야 한다"고 한 것은 진실을 해명하여 내용을 보충할 필요가 있다
는 의미가 결코 아닙니다.

흔들림 없는 역사 인식을

총리와 오사카 시장의 발언은 근대 일본의 가해책임을 부정함과
동시에 전후 민주주의를 공동화(空洞化)시킬 위험성을 내포하고 있
습니다. 헌법 개악도 노골적으로 기도되고 있습니다. 우리는 지금
정치·사회적으로 전후 최대 시련에 직면했다고 해도 과언이 아닙
니다. 평화와 인권의 확립을 바라는 시민의 역량이 시험받고 있습니
다. 이러한 역사상의 위기는 전혀 드문 일이 아닙니다. 침략의 부정
이나 '위안부'의 긍정에 대한 세계의 반응을 볼 때 우리는 세계의 양
식에 발맞춰 걸어감으로써 미래를 열 수 있다고 확신합니다. 일례를
들면 유엔의 고문금지위원회가 올해 5월 31일, "하시모토 오사카 시
장의 발언을 염두에 두고 '정부와 공인에 의한 사실의 부정, 옛 위안
부에게 상처를 주는 시도에 대하여 반론할 것'을 일본 정부에 요구
했다"(『나가사키신문』, 2013년 6월 1일 자)는 보도가 있습니다. 남의 힘
을 빌려 일을 이루고자 하는 자세는 바람직하지 못하지만, 유엔 권

고에 근거하는 '위안부' 문제의 해결도, 천황의 원수화(元首化)와 집단적 자위권을 계획하는 헌법 개악을 저지하는 일도, 흔들림 없는 역사 인식을 가지고 대처하면 결코 어려운 일이 아니라는 것을 역사의 교훈이 보여줍니다.

'오카 마사하루 기념 나가사키 평화자료관'이 흔들림 없는 역사 인식의 계발에 힘껏 공헌할 수 있기를 바랍니다.

(2013년 7월 1일, 제70호)

가치를 평가받은 자료관의 존재

올리버 스톤 감독이 남긴 말

대성황의 심포지엄에서

올해 8월 8일, 나가사키 '피스 위크(Peace Week)' 실행위원회 주최로 올리버 스톤(Oliver Stone) 감독과 피터 커즈닉(Peter J. Kuznick) 아메리칸대학 교수가 이야기하는 '미국사에서 본 원폭 투하의 진실'이라는 심포지엄이 개최되었습니다. 근로복지회관 강당의 1만 석도 모자라 선 채로 참관하는 사람이 있을 정도로 수많은 청중이 모인 가운데 스톤 감독과 커즈닉 교수는 "원폭 투하는 일본을 항복시키기 위해 필요했다"거나 "항복을 앞당겨 100만 명의 인명을 구했다"고 하는, 지금도 뿌리 깊게 정당화되고 있는 주장이 "신화에 지나지 않는다"고 단언했습니다. 미군의 원폭 투하는 소련에 대하여 핵무기의 위협과 군사력의 우위를 과시하는 것이 최대 목적이었다고 상세한 논거를 대며 역설하였습니다. 또 일본의 항복을 결정지은 것은 원폭 투하가 아니라 소련의 참전이었다는 점도 지적했습니다. 이는 결코 새로운 견해가 아니라 역사학계에서 이미 실증된 것이지만, 원폭 투하의 잘못된 견해에 대한 강한 경종을 울렸다고 할 수 있습니다.

나가사키에 대한 원폭 투하는 그 조준점이 도심에 위치한 도키와바시(常盤橋)였다는 점에서 무차별 폭격에 의한 플루토늄 원폭의 파괴력을 시험해보고자 했다는 의도도 분명합니다. "일본인은 전시 중 가해의 진실을 제대로 봐야 한다"고 말하는 커즈닉 교수의 요청과 "일본인은 예술성도 높은 민족인데 전시 중 어떻게 그토록 잔인해질 수 있었을까"하는 스톤 감독의 질문이 인상에 남습니다. "스톤 감독이 나가사키에서 가고 싶어 한 장소는 원폭에 희생된 조선인과 중국인의 추도비였습니다. 오카 마사하루 기념관도 관람하고 싶다고 했는데, 나가사키시의 관광 지도에는 실려 있지 않습니다"는 패널리스트 노리마쓰 사토코(乘松聡子, 밴쿠버 거주, 피스 필로소피 센터 대표) 씨의 발언에는 청중이 "와!" 하고 열광했습니다.

자료관을 방문한 올리버 스톤 감독

8월 10일, 스톤 감독이 내관하여 제가 안내를 맡았습니다. 통역은

'피스 보트(Peace Boat)' 대표인 가와사키 아키라(川崎哲) 씨가 해주었습니다. 자료관에 들어선 스톤 감독은 정면의 조선인 원폭 피폭자 전시를 보자마자 긴장한 표정이었습니다. 먼저 자료관의 설립 경위와 취지를 간단하게 소개하고, 14세의 나이로 하시마(군함도)에 강제 연행된 서정우 씨의 이야기를 상징적인 사례로 언급한 뒤, 함바 모형 앞에서 당시의 열악한 의식주와 가혹한 노동 현장에 대해 설명했습니다. 이어서, [후쿠자와 유키치의 초상화가 들어간] 1만 엔권 지폐의 확대 사본 전시물을 앞에 두고 후쿠자와 유키치의 조선과 중국 침략 사상에 관한 설명을 읽어주자 스톤 감독은 고개를 끄덕이며 열심히 전시물을 들여다보았습니다. 계단 부분의 전시에 대해서는 시간 관계상 대략적으로만 설명해야 했지만, 731부대의 전시 앞에서 "피해자 중에 생존자도 있습니까?"라는 질문을 받았습니다. 저는 즉시 "한 사람도 없습니다. 퇴각하면서 전부 살해했다고 전직 대원에게 직접 들었습니다"라고 대답했습니다. '일본은 아시아에서 무슨 일을 했는가'라는 제목의 대형 안내판에서는 필리핀에 대한 질문을 하고는 아사(餓死) 직전에 촬영된 베트남 소녀의 사진에 대해서도 설명을 해달라고 했습니다. "황마[인도 대마]만 재배시키고 쌀농사를 짓지 못하게 했기 때문에 200만 명이나 되는 사람이 아사했다"고 설명하자, 비분함에 이를 가는 듯했습니다.

2층의 메인 전시 중 하나인 '위안부' 코너를 관람할 때는 광대한 일본군 점령지와 '위안소'의 소재지를 보여주는 지도 앞에서 잠시

멈추어 섰는데, 일본군의 괴뢰군인 '만주국군'에게 소년 의용병을 살해하도록 시키는 사진과 일본 병사 자신이 중국인을 살해하며 웃는 사진에 대해 설명했습니다. "전장에서 일본군은 천황제 군국주의 교육에 의해 일본을 신의 나라라고 믿고 철저하게 이민족을 멸시했다"고 말하니, 별다른 말은 없었지만 스톤 감독도 이해를 한 것 같았습니다. 그리고 시간에 쫓기며 마지막으로 쓰네이시 게이이치(常石敬一)가 쓴 『표적 이시이(標的·イシイ—731部隊と米軍諜報活動)』(大月書店, 1984)를 보여주며 "미군이 731부대의 전쟁범죄를 면책해준 것은 맥아더(Douglas MacArthur)와 윌로비(Charles Willoughby), 샌더스(Murray Sanders) 3인의 결정에서 비롯됐다"고 알려주니, "예스"라고 응답하며 머리를 끄덕였습니다. 이 건에 대해서 굳이 언급한 것은 중국의 '731부대 죄증진열관'과 우호관 제휴를 맺고 있는 우리 자료관의 사명이기도 하다고 생각했기 때문인데, *The Untold History of the United States*(한국어판 『아무도 말하지 않는 미국 현대사』, 올리버 스톤·피터 커즈닉 펴냄, 들녘, 2015)를 쓰신 분인 만큼 충분히 알고 계셨고, 그 역사 인식에 새삼 경의를 품지 않을 수 없었습니다.

스톤 감독이 자료관을 나설 무렵, 『나가사키신문』의 이시다 겐지(石田謙二) 기자 등이 감상을 물으니 그는 "도쿄에도 이런 전시관이 있어야 한다"고 답변을 했습니다. 그 자리에 있던 스태프 모두 감격했습니다. 이시다 기자의 기사는 다음 날 『나가사키신문』에 실려 큰 반향을 일으켰습니다.

NHK의 국제방송 〈뉴스라인〉에 소개

저는 8월 12일부터 17일까지 난징을 중심으로 중국을 방문하였는데, 그 사이에 NHK에서 자료관 측에 스톤 감독의 방문 사진을 요청했고 자료관이 사진을 제공한 사실을 귀국 후에 알게 되었습니다. 그 사진이 담긴 〈뉴스라인(Newsline)〉 영상도 웹을 통해 보았습니다. 스톤 감독의 방문을 보도한 내용이었지만 자료관의 존재를 세계에 소개한 의미도 컸다고 생각합니다.

NHK BS 심야방송에 소개된 자료관

8월 25일 오전 0시부터 2시간 동안 NHK BS에서 〈올리버 스톤 감독이 말하는 원폭·전쟁·미국(オリバー·ストーンと語る"原爆×戦争×アメリカ")〉이라는 제목으로 스톤 감독과 커즈닉 교수가 직접 출연해 시민과 대화를 나누는 프로그램을 방영하였습니다. 〈플래툰(Platoon)〉(1986)을 비롯한 스톤 감독의 작품을 보여주며 차분하게 이야기를 주고받는 유익한 방송이었는데, 마지막 장면에서 스톤 감독이 "나가사키에는 일본의 가해책임을 묻는 민간의 역사 자료관이 있는데, 재정은 넉넉하지 못한 듯했지만 도쿄에 이런 자료관이 세워

지는 것은 무리일까?"라고 말씀하셨습니다. 자료관에 대한 인상이 나쁘지 않았다는 데 안도했고, 동시에 자료관의 존재를 평가해주신 것에 한층 더 감격했습니다. 방송을 다 보고 난 후, 설립 18년이 지나 스톤 감독에게 평가를 받기까지에 이른 우리 자료관도 오카 마사하루 선생님의 발의가 없었다면 존재하지 않았을 것이라고 생각했습니다. 앞으로도 그 선견지명을 마음에 깊이 새기며 유지해갈 것을 다짐합니다.

(2013년 10월 1일, 제71호)

자료관 설립 20주년

첫 마음을 떠올리며

2015년 새해를 맞이했습니다. 올해는 자료관이 설립 20주년을 맞이하는 기념비적인 해이기도 합니다. 세월의 흐름에 놀람과 동시에 설립을 결단하고 실현하기까지 겪었던 고난이 뇌리를 스쳐 갔습니다. 무모하다고도 할 수 있지만 참고 견디면 복이 온다는 마음가짐으로 '나가사키 재일조선인의 인권을 지키는 모임'(이하 '인권을 지키는 모임')의 동료들과 함께 자료관을 설립했습니다. 오카 선생님이 일본의 가해책임을 묻는 역사 자료관의 설립을 제창하셨을 때, 저는 구상의 크기와 깊이에 '큰일이구나' 하면서도 솔직하게 말하면 "하시는 대로 따라가기만 하면 된다"고 소극적으로 생각했습니다. 설립을 부르짖으며 모금 활동을 하는 중에 오카 선생님이 갑자기 돌아가셨고, 이른바 제자에 해당하는 저희는 망연자실했습니다. 슬픔은 말할 나위도 없었지만 명확한 유지인 평화자료관의 설립취지서가 눈앞에 남겨졌기 때문입니다. 취지서에 따라 설립을 목표로 활동을 시작하더라도, 예산, 장소, 구체적인 전시 내용 문제 등 복잡한 과제가 가득해 논의를 거듭해도 좀처럼 결론이 나지 않았습니다. 그러나 소규모라도 오카 선생님의 유지를 이루고 싶다는 생각과 일본의 가해책임을 묻는 역사 자료관 설립의 의의가 점차 강하게 가슴을 압박하여 어찌 되었든 난제를 극복해보겠다는 결의에 다다랐습니다. 설립 1년 전인 1994년 가을 무렵이라고 기억합니다.

장소 찾기에 몰두하며

자금 문제를 뒷전으로 미루어둔 채, 먼저 적당한 장소를 찾는 일부터 시작했습니다. 후보지로 처음 생각했던 것은 평화공원 주변이었습니다. 수학여행을 온 학생들의 편의를 생각해서였습니다. 빈 땅과 집을 알아보던 중 30평 정도의 임대 건물을 소개받아 가계약을 맺은 적도 있지만, "주인이 승낙하지 않는다"는 이유로 곧 폐기되고 말았습니다. 우리가 설립하고자 하는 평화자료관은 임대 건물로는 어렵겠다는 사실을 깨닫게 된 귀중한 경험이기도 했습니다. 건물을 매입하기로 하고부터 시간이 걸리기는 했지만 부동산업자가 니시자카 언덕에 있는 폐옥을 권유했습니다. 지금 생각하면 이것이 오히려 행운이었습니다. 니시자카소학교 근처에 위치한 폐옥은 위험 가옥으로 분류돼 건물에 그물이 둘러쳐져 있었습니다. 원래는 중화요리점으로 사용되었던 곳인데, 3층 철근 콘크리트는 다행히도 튼실했습니다. 개보수 비용이 상당히 든다 해도 땅값이 비쌌던 당시로서는 33평의 땅과 건물까지 합쳐 2000만 엔이라는 금액은 결코 비싸지 않다고 생각했습니다. 자금 조달 방안만 찾으면 매입하고 싶다고 내심 간절히 바랐습니다.

자금을 융자해준 나가사키현 노동금고

'인권을 지키는 모임'은 26성인 순교지와도 가까운 이곳에 오카 마사하루 기념관이라 부를 평화자료관을 건설하면 좋겠다고 생각해, 나가사키현 노동금고의 야지마(矢嶋) 이사장님을 찾아갔습니다. 야지마 이사장님은 당파의 차이를 초월해 오카 선생님의 활동을 좋게 평가하고 계셨기 때문에, 저는 이사장님을 만나 곧바로 솔직하게 융자를 부탁했고, 이사장님은 제안을 받아들여주었습니다. 그때 야지마 이사장님이 하신 말씀을 저는 평생 잊을 수가 없을 겁니다.

"평화와 인권을 위해서 공헌하는 것도 노동금고의 사명이라고 생각합니다. 이사회에 물어보겠습니다." 그리고 곧 융자 결정 통지를 받았습니다. 그때의 감동은 말로 표현할 수 없습니다. "위험한 자금

대출이 아닐까" 하는 반대 의견도 있었다는 사실을 최근에 와서 알게 되었지만, 너무나 당연한 일이라 생각합니다. 최종적으로는 만장일치의 결정을 얻어주신 야지마 이사장님에게 아무리 감사드려도 모자랍니다.

풍상의 20년을 지탱해준 세 가지의 힘

오카 선생님의 제창이 없었다면 나가사키 평화자료관은 존재하지 않았을 것입니다. 야지마 이사장님 덕분에 개수비 2000만 엔을 포함한 자금을 대출받아, 1995년 10월 1일 설립을 목표로 나아가기 시작했지만 전시 내용의 검토와 전시 안내판 제작 작업도 잊을 수 없는 추억입니다. 개수 공사를 마치고 드디어 전시 작업에 착수한 초여름에는 많은 시민이 협력해주셨습니다. 마지막은 연일 야간작업을 했습니다. 희망으로 불타올라 웃는 얼굴에 둘러싸여 있었으니, 설립 후의 유지와 운영에도 이미 밝은 전망이 열려 있었다 해도 과언이 아닙니다.

과연 얼마만큼의 사람이 관람하러 찾아올지 예측할 수 없어, 대출금 상환과 일상적인 운영을 위해 전국적으로 유지(維持) 회원을 모집했습니다. 오카 선생님을 존경했던 기독교 신자분들을 비롯해 노동운동이나 시민운동을 통해 알게 된 분들 다수가 회원이 되어주셨고, 이 회원 제도가 오늘까지 자료관을 유지하고 운영하는 기반이 되고 있습니다.

휴관일을 제외하고 매일 운영해올 수 있었던 것은 접수 업무를 담당해주신 자원봉사자분들 덕분입니다. 교통비도 지급되지 않는 완전한 자원봉사였습니다. 자료관의 존재 의의에 공감해 봉사를 해주신다고는 하지만 쉽지 않은 일입니다. 정말로 고개가 숙여집니다.

자료관에는 또 하나의 큰 버팀목이 있습니다. 그것은 관람객의 목소리, 그중에서도 중고교생의 목소리입니다. "진실을 알고 싶다", "일본이 과거에 행한 일을 왜 학교에서는 가르쳐주지 않을까", "진실을 알고 한국이나 중국을 비롯한 아시아 사람들과 사이좋게 지내고 싶다"는 목소리가 끊이지 않고 전해져 그것을 회보인 『니시자카 통신』에 담았습니다. 다시 읽을 때마다 위로받고 눈시울이 뜨거워집니다. 그럴 때면 "오카 선생님의 유지를 잇길 잘했다"고 생각하기도 합니다.

설립 20주년을 기념하여

이사회에서는 설립 20주년 기념사업을 계획하고 있습니다. 현재로서는 기념 강연과 심포지엄을 고려하고 있으며, 심포지엄에서는 '중일우호 희망의 날개'에 참가한 학생을 초대하여 많은 이야기를 청해 들을 생각입니다.

　침략전쟁을 '자존·자위'로 포장하는 역사수정주의를 용납하지
않는 자료관 설립의 초심으로 돌아가 엄중하게 '역사윤리'를 묻는
자각을 가지고 설립 20주년을 맞이하고 싶습니다.

(2015년 1월 1일, 제76호)

한국에서의 강연과 학생들의 예리한 질문

한남대학교에서의 강연

올해(2015년) 4월 16일, 한국의 대전시에 있는 한남대학교에서 '강제 연행 문제와 한국·조선인 원폭 피해자 문제'를 주제로 강연을 했습니다. 한남대학교가 기획한 연속 공개강좌 '동아시아 공동체를 향하여—함께 산다는 것은'의 일환으로 초청받은 것입니다. 한국은 물론이고 중국과 일본 연구자 및 언론인의 이름도 눈에 띄었습니다. 나중에 안 사실이지만, 저에게 강연 요청이 들어온 것은 우리 자료관을 방문한 한남대학교의 한 연구자가 기획 회의에 참석해 제안을 했기 때문이라고 합니다. 자료관이 그 가교 역할을 한 셈입니다. 계단식으로 된 넓은 강의실에 230명이나 되는 학생과 교직원들이 모여 제 이야기에 귀를 기울이니 긴장도 됐지만, 한편으로는 그 뜨거운 시선에 한일 관계의 역사적 배경과 얼어붙은 현 상황을 통감하기도 했습니다.

저는 동아시아 공동체를 구축하려면 일본이 식민지 지배와 침략 전쟁의 가해책임을 깊이 인식하고 전후 보상을 이행하는 것이 반드시 필요하다는 입장을 밝히고, 사전에 전송한 강연 원고를 토대로·가능한 한 천천히 이야기를 해나갔습니다. 우선 '모집'과 '관 알선', '징용'이라는 3단계를 밟으며 강화된 조선인 강제 연행의 역사적 경위를 살펴보고, 박경식이 쓴『조선인 강제 연행의 기록(朝鮮人強制連行の記錄)』(未来社, 1965)[한국판『조선인 강제 연행의 기록』, 박경옥 옮김, 고즈윈, 2008]에서 발췌한 자료「아직도 남아 있는 할퀴고 간 자국」을 통해 강제 연행의 비참한 실태를 실증적으로 보였습니다. 중국인 강제 연행에 대해서는 '우라카미 형무지소 중국인 원폭 희생자 추도비'의 안내판 내용을 바탕으로 설명했습니다. 또 하시마에 강제 연행된 서정우 씨와 리칭윈(李慶雲) 씨의 증언을 읽어주고, 조선인과 중국인의 높은 사망률에 주목해주면 좋겠다고 말했습니다. 일본의 패전 후에 하루빨리 귀국하고자 했던 조선인들이 위험한 밀선을 탔다가 조난을 당한 경우가 많다는 사실도 언급했습니다. 강제 노동을 시킨 기업이 노동자들의 급여에서 공제해간 강제 저금을 본인에게 지급하지 않고 몰수한 사실을 은행 저금사무센터가 개시한 내부 자료를 근거로 증명했습니다. 전후 70년간 이를 방치한 점을 포함해 이는 국가에 의한 범죄행위임에도, 일본 정부는 조선인과 중국인을 사역한 기업에 대하여 오히려 전후 '노동력 상실에 대한 손해'를 배상했습니다. 이러한 사실도 증거자료를 가지고 분명히 제시했습니다.

『군함도에 귀를 기울이면』 출판을 앞두고, 하시마에서 강제 노동을 했던 생존자 3명을 직접 찾아가 증언과 더불어 하시마[군함도]의 세계유산화에 대한 의견을 들었는데, 그중 한 분이 대전에 사는 최장섭 씨였습니다. 저는 꼭 다시 뵙고 싶어 대학 측에 연락을 부탁했는데 순조롭게 성사되어, 그 사이 85세의 고령이 되신 최장섭 씨와 감격스러운 재회를 할 수 있었습니다. 그리고 저의 요청에 따라 하시마에서의 가혹한 체험을 학생들 앞에서 직접 이야기해주셨습니다. 10분 정도밖에 안 되는 시간이었지만 집중하는 학생들의 시선과 표정에 가슴이 뜨거워졌습니다.

나중에 통역해주신 선생님께 들으니 "역사를 분명히 배워 일본과의 우호도 생각하라"는 말씀도 하셨다는데 숙연한 마음이 들었습니다.

한국·조선인 원폭 피해자 문제로 들어가서는 조선인 원폭 피폭자가 전체 피폭자의 10%를 이루는 까닭은 히로시마와 나가사키로의 강제 연행이 비약적으로 급증한 데 원인이 있다는 점을 통계적으로 밝혔습니다. 피폭자 원호 정책이 오랫동안 일본 국내의 피폭자만을 대상으로 하고, 재외 피폭자를 차별, 배제해온 역사를 강하게 비판했습니다. 피폭자 건강수첩을 취득해도 한국으로 돌아가면 아무 쓸모없는 종잇조각이 되어버린 사실과 그러한 차별 대우를 하나하나 개선시킨 것은 재한 피폭자가 재판 투쟁을 통해 피고인 일본 정부를 패소하게 만들었기 때문이라는 점도 주요 재판명을 들어 설명했습니다. 곽귀훈 씨나 이강녕 씨의 소송에 의해 재외 피폭자가 건강관리 수당을 수급할 수 있게 된 것은 (불과) 2003년 3월부터라는 점도 역설했습니다. 그러나 일본 정부는 패소한 부분에 대해서만 시정을 하고, 일본 국내의 피폭자에게는 의료비를 전액 지급하면서 재외 피폭자에게는 지급 상한액을 설정하여 지금도 차별하고 있다는 점을 강조했습니다. 이 문제와 관련한 재판은 지금 최고재판소에서 심리 중이라는 경과를 마지막으로 언급하였습니다.

학생들에게 받은 질문

강연을 마친 후 질의응답 시간이 이어졌습니다. 두 명의 학생에게서 간결하지만 예리한 질문을 받고, 저는 다음과 같이 답변했습니다.

— 일본은 군함도의 세계유산 등록을 유네스코에 신청했는데 오늘 최장섭 씨가 말씀하신 것처럼 그 섬은 한국인을 강제 연행하여 가혹한 노동을 강요한 장소입니다. 세계문화유산이 되기에 적합한 곳이라고 생각하십니까?

유네스코의 자문기관인 이코모스가 현지 시찰을 마치고 현재 심사 중인데, 어떤 조건을 붙여 등록을 시킬 것인가 여부는 반반이라고 생각합니다. 이코모스에 양식이 있다면 일본 정부의 신청을 그대로 인정할 것이 아니라 아우슈비츠나 노예무역항이었던 영국의 리버풀처럼 다시는 반복해서는 안 될 '부정적인 유산'으로서 평가를 내리고 그것을 전제로 등록 가능하다는 내용으로 유네스코에 권고할 것입니다. 여기에 '인권을 지키는 모임'이 발행한 책『군함도에 귀를 기울이면』이 있는데, 최장섭 씨의 증언도 실려 있습니다. 군함도의 세계유산 등재에 대해서는 "하시마 탄광은 내 인생을 망가뜨렸다. 그 지옥은 잊으려고 해도 잊을 수가 없다. 세계유산으로 만드는 데 전면적으로 무조건 반대하는 것은 아니지만, 역사적으로 증명된 사실을 숨기지 마라"고 말씀하셨습니다. 저도 완전히 동감합니다.

(이코모스는 유네스코에 군함도를 포함한 23개 시설을 '일괄 등재'하라고 회답했습니다. 매우 견식이 모자란 판단이었다고 생각합니다. 한국과 중국의 반대에 유네스코가 어떻게 대응할지 주목됩니다. 무조건적인 등록 결정은 용납할 수 없습니다.)

— 강연을 듣고 감동했습니다. 그런데 선생님과 같은 의견과 활동이 존재함에도 불구하고, 일본이 식민지 지배와 침략전쟁을 충분히 반성하고 있다고는 볼 수 없습니다. '위안부' 문제도 전후 보상 문제도 미해결 상태입니다. 그 이유

가 뭐라고 생각하십니까?

말씀하신 그대로입니다. 저도 안타깝고 한심하게 생각합니다. 그러나 저와 같은 생각을 가지고 활동하는 시민도 결코 적지 않다는 사실을 알아주셨으면 좋겠습니다. '위안부' 문제의 해결, 전후 보상 문제의 해결과 더불어, 집단적 자위권 행사 반대, (오키나와 주둔 미군이 사용하는) 후텐마(普天間) 기지의 헤노코(辺野古)로의 이설 반대, 원전 재가동 반대 등에 열심히 활동하는 시민을 저는 많이 알고 있습니다. 이 운동은 고양되고 있다고 할 수 있습니다. 일본 정치의 근본적인 개선에 희망을 가지고 노력해가고 싶습니다. 저희가 다수파가 되는 것은 쉽지 않은 일이지만, 체념해서는 안 된다고 늘 생각하고 있습니다.

이렇게 답변하니 시간이 다 되어 강연은 종료되었지만, 제가 단상을 내려오자 두 번째 질문을 한 학생이 곁으로 다가와 통역을 통해서 물어왔습니다. "실례되는 질문이 아니었나요?"하고. 저는 "절대 그렇지 않습니다, 당연한 질문입니다. 오히려 기쁘게 생각합니다"라고 답하며 학생과 악수를 나누었습니다. 그 섬세한 감성에 "동방예의지국 조선"을 떠올리는 한편, 이날 참석한 청강생 모두에게 친근감을 느낄 수 있었던 기쁜 순간이었습니다.

강연 후에 준비된 교직원과의 뒤풀이 자리에서는 전에 우리 자료관을 방문해주셨던 선생님을 다시 만났습니다. 마치 오래 알고 지내던 친구를 만난 것처럼 이야기를 나누는 즐거운 시간도 가졌습니다. 이 뒤풀이도 오래도록 기억에 남을 것입니다.

(2015년 7월 1일, 제78호)

'위안부' 문제,
성의 없는 한일 합의에 반대한다

'위안부' 문제,
성의 없는 한일 합의에 반대한다

2015년 12월 28일, 일본 정부와 한국 정부는 '위안부' 문제에 관한 해결책에 합의했다며, 양국 외교부 장관이 공동으로 기자회견을 하고 합의 내용을 발표했습니다. 그 요점은 "지원 조직의 착실한 실시를 전제로 하여 위안부 문제는 최종적이며 불가역적으로 해결했다고 확인", "군 개입하에 다수 여성의 명예와 존엄에 상처를 주었다. 일본 정부는 책임을 통감하고 아베 총리는 진심으로 사죄와 반성의 뜻을 표명", '위안부' 소녀상에 대하여 한국 정부는 "관련 단체와 협의하여 적절하게 해결되도록 노력", "한국이 재단을 설립하고 일본이 약 10억 엔을 일괄 거출, 한일이 협력하여 위안부 지원 사업을 실시"(『나가사키신문』, 2015년 12월 29일 자)한다는 내용이었습니다.

한국 '정신대문제대책협의회'가
즉시 항의 성명

한일 합의 발표 당일, 한국의 '정신대문제대책협의회'(이하 '정대협')는 즉시 항의 성명을 발표하고 도저히 용납할 수 없다는 뜻을 밝혔습니다. "일본군 '위안부' 범죄가 일본 정부 및 군에 의해 조직적으로 행해진 범죄라는 점을 이번 합의에서 이끌어내기 어렵다", "'위안부' 범죄의 불법성을 명백히 하지 않았다", "진상규명과 역사교육 등의 재발 방지 조치에 대하여 전혀 언급하지 않았다"는 문제점을 지적함과 동시에 "일본군 '위안부' 문제 해결과 평화를 부르짖어온 수요시위의 정신을 기리는 살아 있는 역사의 상징물이자 공유 재산인" 평화의 소녀상에 대하여 "한국 정부가 철거 및 이전을 운운하거나 개입하는 일은 용납할 수 없는 일"이라고 강력하게 주장하고 있습니다.

'일본군 위안부 문제 해결 전국행동'도
항의 성명

한일 합의에 대해 각 분야에서 견해 표명과 항의 성명이 나왔는데, '제12회 일본군 위안부 문제 해결을 위한 아시아 연대회의'(2014년 6월, 8개국에서 피해자와 지원자가 참가)에서 '일본 정부에 대한 제언'을 채택한 '일본군 위안부 문제 해결 전국행동'도 그중 하나로, 2016년 1월 18일, "피해자가 빠진 한일 '합의'는 해결이 아니다, '제언'의 실현을 요구한다"는 항의 성명을 발표하고 일본 정부에 제출했습니다. "한마디 상의도 없이 자기들끼리 타결했다는 것은 결코 납득할 수 없다", "하늘나라로 가신 할머니들께 면목이 없다. 돈으로 해결하려고 하는 것이라면 받아들일 수 없다. 일본이 정말로 죄를 인정하고 법적인 배상과 공식적인 사죄를 하게 하려면 나는 마지막까지 싸우겠다"고 하신 '위안부' 할머니들의 목소리를 선두에 내걸고 '합의'는 피해자를 무시했다, '합의'는 아시아 연대회의의 '일본 정부에 대한 제언'을 짓밟았다, '합의'는 일본 정부가 져야 할 책임을 한국 정부에 전가했다, 가해국이 피해국에게 "최종적이며 불가역적인 해결"을 강요한 '합의'는 더더욱 '최종적 해결'로 성립될 수 없다는 4가지 점을 논거로 하여, 보여 주기 식의 '해결'을 비판하고 있습니다. 이와 관련해, 우리 자료관도 이사회에서 논의하여 이 항의 성명에 찬동 서명을 했습니다. 저는 이 항의 성명을 전면적으로 지지

합니다. 그리고 아래와 같이 제 나름의 견해를 밝히고 싶습니다.

한일 합의 발표 이후 언론은 내외의 움직임을 대대적으로 보도했는데, 그중에서 제가 특별히 주목한 것은 한국의 『한겨레』 신문에 실린 다음의 한 구절이었습니다.

"1970년 12월 7일 아침 7시 폴란드 바르샤바 자멘호프 거리의 유대인 위령탑. 초겨울 비가 눈물처럼 위령탑을 적셨다. 서독 총리 빌리 브란트가 그 앞에 섰다. (…) 잠시 고개를 숙인 브란트가 뒤로 물러섰다. 의례적 참배가 끝났다고 여긴 일부 기자들도 따라 몸을 뺐다. 그때 브란트가 위령탑 앞에 털썩 무릎을 꿇었다. 카메라 플래시가 미친 듯이 터졌다. 브란트는 아무 말도 하지 않았다. (…) 사죄와 용서와 화해란, 이렇게 하는 것이다. 역사는 쉼 없는 성찰의 대상이지 한 번의 립서비스로 끝날 일이 아니다."(이제훈, "박 대통령, 빌리 브란트의 이 사진을 보라!", 『한겨레』, 2015년 12월 29일 자)

바로 여기에 아베 총리와 브란트 총리의 차이가 분명히 드러납니다. "성의 없는 한일 합의"를 증명하고도 남음이 있다고 절실히 느낍니다.

한일 합의의 최대 문제점은 "책임 통감", "사죄와 반성"이라 말하면서도 법적 책임은 지지 않고, 각의 결정조차 거치지 않았다는 점입니다. 아베 정권이 고노 담화의 재검토를 급히 서두른 까닭은 '각의 결정이 없다'는 이유에서였습니다. '위안부' 문제에 있어 한일 간 합의를 하려면 최소한 각의 결정이 필요하고 국회 의결도 거쳐 추진해야 합니다. 이번 한일 합의는 법적인 책임을 회피하여 전시성 '해결'을 꾀하고자 한 것이라 볼 수밖에 없습니다.

일본대사관 앞의 소녀상 철거를 요구하는 것도 오만한 태도지만, "최종적이며 불가역적인 해결"이라는 표현을 쓴 것은 가해자 측이 할 말인가 하는 점에서 놀라울 따름입니다. 기만으로 가득 찬 합의의 증거로서 강한 반발을 불러일으키는 것도 당연한 일입니다.

유엔인권위원회의 「쿠마라스와미 보고서」나 「맥두걸 보고서」도 사죄와 법적 배상, 재발 방지를 위한 진상 교육을 일본 정부에 권고했습니다. 덧붙여 미국의 하원을 비롯하여 한국, 캐나다, 네덜란드, 필리핀, 대만, 유럽연합(EU) 등의 의회도 같은 권고를 결의했지만, 한일 합의가 이러한 권고에 관해 전혀 언급하지 않은 까닭은 문제의 중대성을 인식하지 못했다는 증거라고 할 수 있습니다. '위안부' 문제는 한일 간의 문제에만 그치는 것이 아닙니다. 다수의 국가에 피해자가 존재하는 국제적인 문제입니다.

한일 합의의 배후에 미국의 압력이 있었던 게 분명합니다. 이 점에서도 "완전하며 최종적인 해결"로서 한일기본조약(1965년)을 체결했을 때의 구도와 전혀 변함이 없습니다. 미국이 "성의 없는 한일 합의"가 괜찮다고 말한다면, 미국의 책임도 대단히 큽니다. 여성에 대한 전쟁범죄로서의 인권 문제보다도 한미일의 정치적인 일체화를 우선시한 정책이라는 비판을 피할 수 없기 때문입니다.

마지막으로 한일 양국 정부의 합의가 성립한 현실에 대하여 우리

는 어떠한 태도를 취해야 할 것인가에 대해 의견을 말씀드릴까 합니다. "일본 정부가 일본군 '위안부' 범죄에 대하여 국가적으로, 그리고 법적으로 책임을 명확하게 인정하고 그에 따른 책임을 이행함으로써 피해자의 명예와 인권을 회복하고 다시는 이와 같은 비극이 재발하지 않도록 하라"(정대협의 항의 성명에서)고 근본적인 해결을 요구하는 '위안부' 할머니들을 지지하며 함께 싸워야 한다고 생각합니다. 본질적으로 명예가 걸린 문제이며, '여성을 위한 아시아 평화 국민기금(女性のためのアジア平和国民基金)'에 반대했던 때와 마찬가지로 안이한 타협이나 전시성 '해결' 방식은 엄청난 화근을 남기기 때문입니다. 참고로 이러한 태도는 "전(前) 일본군의 종군위안부 문제에 대한 일본의 대처는 여전히 불충분하며 한일 합의를 실행하는 데 있어 '위안부' 피해자의 의견에 대한 배려가 필요하다"고 2016년 3월 7일 일본 정부에 권고한 유엔여성차별철폐위원회의 지적과도 합치합니다. 이 권고를 존중하기는커녕 즉각 반발하며 유감을 표명했다는 데서 "불가역적인 해결"이라고 주장하는 일본 정부의 불성실한 의도가 명료하게 드러납니다.

(2016년 4월 1일, 제81호)

3부

추모의 글

다카자네 야스노리를
사랑한 사람들

고인을 추모하며 그의 삶과 활동, 사상, 업적을 기리고 그 의미를 되새기는 한편, 저자와
함께했던 개인적인 체험과 추억을 소개하는 한국과 일본 양국 6인의 추모 글을 수록한다.

'질문을 던지는' 자세

다카자네 야스노리 씨와 『나가사키교육통신』

야마카와 다케시 山川剛 • 『나가사키교육통신(長崎の教育通信)』

1977년 "교장, 원폭 독본을 '격리'"라는 뉴스가 보도되면서 당시 나가사키에서 큰 문제가 되었다. 교장이 평화교육의 바이블이라고 도 할 수 있는 아동 도서 150권을 "공교육에 적합하지 않다"는 이유를 들어 격리한 사건이다. 이듬해인 1978년에는 새로 부임한 교장이 느닷없이 기존의 '도달도 평가'를 폐지하고, '5단계 상대평가'에 따른 통지표를 채용한다는 직무명령을 내렸다. 이 사건은 내가 당시 근무했던 나가사키시 북부의 니시마치소학교(西町小学校)에서 일어난 일이다(이후 통지표 문제는 북부 5개 학교로 파급되었다). 한편, 같은 시기에 동부의 히미소학교(日見小學校)에서는 교장의 결재 없이 공정하지 못한 내용의 학급 통신을 내보냈다는 이유로, 마루야마 다케지(丸山武治) 교사가 계고 처분을 받는 사건이 발생했다. 두 학교에서 발생한 전례 없는 교육 사건에 위기감을 느끼고 깊이 주목한 사람들이 『나가사키교육통신』을 간행하게 되었다. 1979년 8월에 창간 준비호가 나왔고, 같은 해 10월 10일에 첫 호가 발행되었다. 창간 취지 글에는 "자녀와 학부모, 교사가 지역사회의 일을 꾸려나감에 있어 서로 도와, 잘 돌보아 기른다는 교육의 임무를 확고하게 지켜가기 위해서"라는 그 목적이 명시되어 있었다.

앞의 통지표 문제에 관한 직무명령으로 인해 교육의 장은 혼란에 빠졌다. 서로 다른 이해와 주장이 뒤얽혀 시끄러운 상태로 1학기 종업식 전날까지 분규가 계속되었다. 결국 임시학부모회(PTA) 총회가 개최되어 투표를 실시했다. "교장의 안(案)에 재검토를 촉구한다"가 204표, "학부모회는 통지표 문제에 개입하지 않는다"가 144표 나왔다. 그리하여 기존의 통지표인 '노비유쿠 스가타(のびゆくすがた)'[34]를 지지하는 측이 압승했다. 총회는 장시간 이어진 탓에 밤이 깊어 끝났다. 어머니들은 승리의 기쁨으로 서로 어깨동무를 하거나 손을 잡고 눈물을 흘리며 밤길을 걸어 귀가했다.

그러나 교장은 투표 결과를 무시하고 비교육적인 상대평가 통지표 채용을 결정했다. 당시 나가사키대학의 관사는 니시마치소학교

---

34 통지표 이름. 절대평가 기준에 따른 '학습 도달도 평가' 방식을 취한다.(옮긴이 주)

에서 가까운 곳에 있었다. 그래서 소학교 교원들은 가끔 대학의 관사나 방 하나를 빌려 조합원 회의를 열곤 했다. 니시마치소학교의 학부모 중에는 기백이 높은 대학 조교수가 많았다. 그중에 다카자네 야스노리 씨 부부도 있었다. 통지표 문제는 니시마치소학교 교원들의 조합원 회의에서도, 학급 학부모총회에서도 뜨겁게 논의되었다. 시민을 대상으로 한 학습회도 기획했다. 다카자네 씨 부부를 포함해 나가사키대학의 교수들은 학부 간의 장벽을 초월해 온 가족이 나서 일선 교사들과 '공투'를 전개했다. 풀로 붙인 빈 깡통을 자전거 핸들에 매달고 직접 만든 포스터를 붙이고 돌아다니는 믿음직한 대학교수들의 모습을 볼 수 있었다.

다카자네 씨가 『나가사키교육통신』(이하 '교육통신')의 대표가 된 것은 1980년 10월에 발간한 제5호 때부터였다. 『교육통신』은 2004년 11월 1일 자로 100호를 발행하고 폐간되었는데, 97호까지 24년의 긴 세월동안 다카자네 씨가 대표를 맡았다. 『교육통신』의 권두에 게재된 다카자네 씨의 글은 21편으로 집필진 중 가장 많았다. 첫 번째 글은 1985년 3월 제22호에 실린 것으로, 프랑스 문학자다운 글이었다.

"사람들이여, 인간다워져라! 어째서 그대들은 저 순진무구한 아이들의 머지않아 끝나버릴 유년 시절, 그대들에게도 다시는 돌아오지 않을 그 짧은 유년 시절을 고통과 언짢음으로 채워주려고 하는가?" 이것은 18세기 프랑스의 사상가 루소(Rousseau)의 말을 인용한 것으로서, 다카자네 씨는 "200년이 흐른 지금 일본의 교육은 루소가 탄식했던 과거의 그것과 얼마나 달라졌을까" 하고 날카로운 질문을 던졌다. 그리고 "교육이 진정으로 인간애를 토대로 한 것이 되려면, 교육에 대해 새롭게 질문하는 시민의 새로운 에너지 고양이 필요하며, 그 민주적인 힘의 역할이 크다"고 말하고, 교육을 생각하는 자립적인 시민에 의한 교육운동의 중요성을 역설했다.

또 30호를 맞이하는 87년에는 『나가사키신문』과의 인터뷰에서 "단순히 교육을 생각하는 차원에만 머물지 않고, 질문을 던지는 자세를 앞으로도 이어가고 싶다"는 편집 방침을 밝혔다. 이는 시민에 의한 교육운동을 중시하는 태도와 더불어, 그 후 다채로운 여러 분야의 활동 및 '오카 마사하루 기념 나가사키 평화자료관' 설립, 재일 조선인과 재외 원폭 피해자 지원운동 등에 있어서도 일관한 다카자네 씨의 기본적인 자세였다.

"학교 따위 정말 싫다. 모두가 생명을 단축시키니까. 선생님들은 더 싫다. 지친 마음을 짓밟아버리니까." (어느 여중생의 유언)[35]

이처럼 교육의 장에서 탈락한 아이들을 차마 두고 볼 수 없었던 다카자네 씨는 아이들이 있을 곳을 마련해주기 위해 자유학원 '리베르테(Liberte)'를 만들고자 분투하며 분주한 시기를 맞이했다. 이를 위해 『교육통신』의 권두언을 빌려 여러 차례 호소하기도 했다.

---

35 1984년, 만 15세(중학교 3학년)의 나이로 목숨을 끊은 여중생 오야마 나나(尾山奈々)가 남긴 말.(옮긴이 주)

첫 번째 글은 다카자네 씨의 소원인 「교복 없는 학원을 만들자」라는 제목의 글이었고, 두 번째는 「작은 손으로 작은 학원을」이었다. 마침 창간 10주년을 맞이한 1989년이었다. 10주년 기념사업으로서 『교육통신』이 이 자유학원의 설립 모체가 되어주었으면 좋겠다는 절실한 제안이 담긴 내용이었다. 그리고 세 번째 글이 「리베르테의 1년은 천천히 흘렀다」이다. 의견의 차이, 때로는 불신과 마찰 등 만사가 순조롭게 진행되었다고 하기는 어려운 프리 스타일의 학원 실정을 글 속에 솔직하게 담았다.

몇 가지 사례를 통해 예시한 활동에서 볼 수 있듯이, 사회적으로 약한 입장에 처한 사람들을 못 본 체하지 못하는 그 '아름다운 마음'이야말로 권력을 등에 업고 뻐기는 자들을 향해 날카롭게 '질문을 던진' 다카자네 씨의 '강인함'의 뿌리였다. 이것을 나는 24년에 걸친 『교육통신』의 활동에서 보았다. 1989년에 유엔이 채택한 '어린이 권리조약'의 뿌리인 '어린이의 최선의 이익'을 추구하는 정신이 바로 그것이었다. 그 온화했던 표정을 되새기며, 다카자네 씨의 '질문을 던지는' 일생의 일을 계승해나가겠다는 각오를 다진다.

원수폭 금지운동과
전쟁책임·전후 보상 문제

사카모토 히로시 坂本浩 • 나가사키현 원수폭금지일본국민회의

2017년 4월 7일, 갑작스러운 다카자네 선생님의 부고 연락을 받고 놀라움과 슬픔, 상실감에 빠졌습니다. 동시에, 건강 상태가 좋지 않은데도 불구하고 2016년 11월에 개최한 〈금강산 가극단 2016 나가사키 공연〉의 마지막 실행위원장으로서의 책임감에 출석하셨다가 회의 도중 의식이 흐릿해져 구급차로 이송되는 사건을 겪은 적도 있어, 실행위원회 사무국 담당자로서 통절한 책임을 느꼈습니다. 다카자네 선생님의 추도집 발행을 앞두고, 다시금 고인의 명복을 빌며 다카자네 선생님의 뜻을 이어나가겠다고 다짐합니다.

나가사키의 역사 인식과 원수폭 반대 및 평화운동

"집회에서는 일본의 전쟁책임과 전후 보상 문제를 언급하지 못했지만, 이 문제를 생각하지 않는 핵 폐기 운동은 세계, 특히 아시아 사람들에게는 공감을 얻기 힘들 것이다. 원자폭탄 피폭지 나가사키의 호소가 진정한 공감을 얻기 위한 방식을 함께 고민하며, 비정부기구(NGO) 집회를 풍부하게 만들고 싶다."

이것은 2000년 11월의 〈제1회 핵무기 폐기 지구시민집회 나가사키(第1回核兵器廃絶-地球市民集会ナガサキ)〉의 독자적인 기획으로서 '나가사키현 평화운동센터(長崎県平和運動センター)'와 '나가사키현 원수폭금지일본국민회의(原水爆禁止日本国民会議)'(이하 '원수금'), '시민운동네트워크 나가사키(市民運動ネットワーク長崎)'가 공동 개최한 〈나가사키가 반핵을 외치는 방식을 모색하며(ナガサキが反核を訴える流儀を求めて)〉의 주최자 인사 중 일부입니다.

나가사키에서 원수금·평화운동에 이러한 문제의식을 자리 잡게 하고, 이론적인 지주로서 활동해온 분이 다카자네 선생님이었습니다. 물론 〈원수폭금지세계대회(原水爆禁止世界大会)〉의 분열[36] 전부

---

36 1955년 〈제1회 원수폭금지세계대회〉 개최 후 그해 9월 '원수폭금지일본협의회(원수협)'가 결성되었고, 1964년까지 원수협을 중심으로 하나의 세계대회가 열렸다. 그러나 1965년 일본공산당과 사회당의 대립으로 인해 사회당은 원수협을 탈퇴해 '원수폭금지일본국민회의(원수금)'를 결성한다. 이후, 원수협과 원수금이 각각 개최하는 2개의 원수폭금지세계대회가 매년 따로 개최되고 있다.(옮긴이 주)

터 원폭 피해자로서 운동을 견인해온 이와마쓰 시게토시(岩松繁俊) 선생님(나가사키대학 명예교수)이나, 나가사키의 무기 생산 실태를 고발한 후나고에 고이치(船越耿一) 선생님(나가사키대학 명예교수)도 같은 맥락에서 활동해오셨습니다.

우리는 8월 9일을 중심으로 매년 〈원수폭금지세계대회〉를 개최하고 있습니다. 대회에서 처음으로 '전후 보상', '전쟁책임'을 테마로 한 분과회를 설치한 것은 피폭 50주년인 1995년 때부터였습니다. 이와마쓰 선생님이 원수금의 의장이 되기 2년 전입니다. 이때부터 이와마쓰 선생님과 다카자네 선생님이 이 분과회의 강사를 담당해주셨고, 이와마쓰 선생님이 일선에서 물러나신 뒤에는 다카자네 선생님이 중심이 되어 계속해오셨습니다.

이 분과회는 나가사키 독자적인 것으로서 세계를 향해 자랑할 만한 활동 중 하나라고 확신합니다. 다카자네 선생님의 뜻을 계승하기 위해, 앞으로 어떻게 충실하게 이어나갈 것인지가 과제입니다.

시민 차원의 북일 우호운동

다카자네 선생님과 함께 활동했던 또 하나의 운동은 시민 차원의 북일 우호운동입니다. 동북아시아에 진정한 평화를 구축하기 위해서는 역사 인식의 공유와 함께, 국가 차원에서가 아닌 시민 차원의

우호 관계를 쌓는 일이 중요합니다. '나가사키현 평화운동센터'에서는 핵 폐기를 요구하며 나가사키시의 평화공원에 있는 '나가사키의 종(長崎の鐘)' 복제품을 미국 호놀룰루, 소련 레닌그라드(현 러시아의 상트페테르부르크), 중국 선양에 기증, 건립했습니다. '다음은 남북한의 도시에'라는 생각을 갖고 있었지만 아직 실현하지 못했습니다. 현재 조선민주주의인민공화국[북한]과 미국의 긴장 관계가 높아져 있습니다. 아베 정권은 제재 일변도로 갈 뿐, 대화의 전망은 보이지 않습니다. '북한 위협론'을 반복하는 모습은 흡사 전전의 '폭지응징(暴支膺懲)'(포학한 중국을 응징하자)과 닮았습니다.

이러한 가운데 '금강산 가극단' 공연을 위해 일해온 실행위원회 멤버로서 북일 관계와 한반도 문제를 냉정하게 학습하고, 시민 차원의 우호 교류를 추진하자고 '북일시민우호협회(日朝市民友好協会, 가칭)'의 발족 준비를 진행하고 있습니다. 다카자네 선생님에게는 발족 준비 과정에서 많은 조언을 받았습니다. 한국·조선인의 강제연행과 원폭 피해자 문제에 있어서 일인자인 다카자네 선생님의 말에는 무게와 깊이, 친절함이 있었습니다. 많은 사람의 의견이 일치하여 다카자네 선생님께 준비회 대표직을 부탁드렸던 것인데 이렇게 하늘나라로 떠나셨으니, 남은 사람들이 향후 체제에 대해 의논하여 제대로 된 운동을 계속해나갈 필요가 있습니다.

현 의회에서 다카자네 선생님의 뜻을
가슴에 새기다

나가사키현 의회의 2017년 9월 정례회에서 자민당파에서 제출된 '나가사키현 하시마의 역사 인식에 관한 의견서'가 가결되었습니다 (사민당과 공산당 의원 3인은 반대). 세계유산에 등재된 하시마 탄광에는 강제 연행이나 가혹한 노동 실태 등 부정적인 측면이 존재한다는 것은 주지하는 바와 같습니다. 그러나 앞의 의견서는 위법한 강제 노동이 있었다고 인정할 수 없다는 일본 정부의 입장을 재차 강조했습니다. 나아가 그와는 다른 내용을 한국 측에서 보내와 하시마에 연고를 가진 사람들의 기억과 마음에 그림자를 드리우고 있다며, "하시마 탄광의 가치와 역사가 왜곡되는 일이 없도록" 한국 측에 입장을 밝혀줄 것을 일본 정부에 요구하는 내용입니다.

저는 이 의견서를 읽은 순간, "이것은 피폭지에 있어, 또한 중국과 한국과의 지역적 우호 관계를 강화하는 나가사키현에 있어 큰 문제"라고 느끼고, 나가사키 평화자료관 여러분과 연대하여 위원회에서 반대했습니다. 충분했다고는 할 수 없지만, 지금까지 활동을 하면서 다카자네 선생님과 평화자료관 활동을 통해 배웠기 때문에 의견서에 있는 역사 인식에 찬성할 수 없다고 주장할 수 있었습니다.

서두에 소개한 집회장에서 받은 질문("전후에 태어난 사람에게도 전쟁책임이 있나요?")에 대해 다카자네 선생님이 "직접적인 책임은 아니지만, 역사를 배우고 장래의 교훈으로 삼을 책임에 대해 젊은 사람은 생각해야 한다"고 했던 답변을 되새기고 싶습니다.

몇 번인가 술자리를 함께하며, 선생님이 노래방에서 프랑스 노래를 부르시는 걸 들은 적이 있습니다. 과제를 마주할 때의 진지한 눈빛도 그렇지만, 따뜻하게 웃던 그 얼굴도 아주 멋있었습니다. 다카자네 선생님, 이제 편히 쉬세요.

선생님과 함께한
한국인 원폭 피해자 지원운동

히라노 노부토 平野伸人 • 재외피폭자지원연락회

건강 상태가 악화되어 입원과 퇴원을 반복하시기는 했어도 다카자네 선생님은 반드시 회복하시고 건강한 모습으로 돌아올 것이라 믿어 의심치 않았습니다. 다카자네 선생님을 잃은 충격은 헤아릴 수가 없습니다. 저를 포함하여 다카자네 선생님을 존경하는 사람들은 아직도 선생님의 부재를 받아들이지 못하고 있습니다.

저는 다카자네 선생님에게 배우며 함께 재외 원폭 피해자 문제, 그중에서도 한국의 원폭 피해자 지원에 힘써왔습니다. 그리고 김순길 씨 재판을 시작으로 하여 많은 재판 투쟁을 했습니다. 재한 원폭 피해자 지원 활동을 하게 된 계기는 1987년, 일본의 피폭 2세 방한

단이 한국을 방문했을 때부터 시작되었습니다. 한국과 일본의 피폭자 및 2세 사이에 원폭에 대한 큰 인식 차가 존재하고, 일본의 피폭 2세 운동에는 일본의 전쟁책임에 대한 인식이 부족하다는 것을 통절하게 느꼈습니다. 나아가 한국의 피폭자 가정을 방문하여, 그들의 방치된 현실을 알게 되었습니다. 이러한 사실에 일본 정부와 국민이 관심을 보이지 않는 데도 의문을 가졌습니다. 저는 일본인 피폭 2세로서 한국의 피폭자 문제에 관심을 갖고 일해야 할 필요성을 느꼈습니다. 1987년 방한 때 '한국원폭피해자협회'에는 약 2500명의 피해자가 등록되어 있었습니다. 그중에서 나가사키에서 피폭된 분은 79명이었습니다. 나가사키 피폭자의 수가 너무 적다는 의문이 생겼습니다. 즉시 다카자네 선생님께 상담하여 방한 조사를 실시하게 되었습니다. 1987년 이후 16차 조사까지 실시했고, 조사를 위한 한국 방문은 약 100회에 이릅니다. 저희는 그때마다 다카자네 선생님께 보고드리며 조언을 받았습니다. 선생님과 함께 방한한 적도 있습니다. 우리는 조사 결과를 바탕으로 한국 피폭자에 대한 지원 활동을 펼쳤습니다.

1992년에 '한국원폭피해자협회' 부산지부에서 김순길 씨를 만나 징용 노동자 일기의 존재를 알게 되었습니다. 나가사키에 강제 연행되어 강제 노동을 하다 피폭된 한국의 김순길 씨가 미지급 임금의 지급과 손해배상을 요구하며 소송을 제기했습니다. 그리고 이를 계기로 하여 다카자네 선생님과 함께 지원 활동을 계속하고, 그 후 '재외피폭자지원연락회(在外被爆者支援連絡会)'를 결성해 김순길 재판에 이어 한국 피폭자를 중심으로 한 많은 재외 피폭자 재판을 시작했습니다.

또 현재의 평화공원인 우라카미 형무지소는 폭심지에서 지근거리에 있었던 까닭에 재소 중이던 모든 사람이 즉사한 곳입니다. 이를 계기로 중국인 강제 연행 문제에도 몰두했습니다. 그 선두에 선분이 다카자네 선생님입니다. 괴로운 싸움이었습니다. 그러나 다카자네 선생님은 싸움의 선두에 서서 결코 포기하지 않았습니다. 끈질긴 싸움에서 성과를 낼 수 있었던 것은 다카자네 선생님의 노력에 힘입은 바가 크다고 생각합니다.

선생님은 프랑스 문학을 가르치는 교육자이면서, 아시아의 전쟁 피해자를 생각하며 많은 어려움을 감수하고 포기하지 않았던 신념의 인물이었습니다. 동료나 피해자에게는 친절하게 배려하는 인간미 넘치는 사람이었습니다. 흥이 오르면 상송을 불러 "아! 다카자네 선생님은 프랑스어 선생님이었지" 하고 웃곤 했습니다. 보통은 온화했던 다카자네 선생님도 재한 원폭 피해자 문제에 관해서 만큼은 엄격했습니다. 다카자네 선생님의 단호한 신념을 느낀 적이 자주 있었습니다. 그 신념은 평생 바뀌지 않았습니다. 돌아가시기 직전인 4월 6일에 만나 뵈었는데, 이미 의식이 혼미해진 상태였습니다. 그리고 이튿날 4월 7일 미명에 돌아가셨습니다. 선생님은 미소를 띠고 계셨습니다. "뒷일을 맡길게요, 부탁해요"라고 생각하셨겠지요. 분명히 다카자네 선생님은 자신의 삶에 만족하셨을 거라 생각합니다.

중국인 강제 연행 문제와
다카자네 선생님

신카이 도모히로 新海智広
나가사키의 중국인 강제 연행 재판을 지원하는 모임 사무국장

도쿄의 대학을 졸업하고 나가사키에 온 나는 80년대 후반, 고젠마치(興善町)에 있는 루터교회에서 다카자네 선생님과 처음 만났다. '나가사키 재일조선인의 인권을 지키는 모임'이 주재하는 학습회가 그곳에서 매월 진행되고 있었고, 오카 마사하루 목사님이 모임의 대표, 다카자네 선생님은 사무국장이었다. 1994년에 오카 선생님이 돌아가신 후, 다카자네 선생님은 '오카 마사하루 기념 나가사키 평화자료관'의 설립과 운영의 중심이 되셨는데, 중국인 강제 연행 문제에 본격적으로 관계하기 시작한 것은 1998년 이후다.

그해 재외 피폭자 지원을 하던 히라노 노부토(平野伸人) 씨와 『아

사히신문(朝日新聞)』의 기무라 히데아키(木村英昭) 기자의 제안에 따라, 전전의 다카시마와 하시마의 중국인 노동자 명부를 기초로 한 편지 조사를 실시했고, 이것이 이듬해 '나가사키의 중국인 강제 연행의 진상을 조사하는 모임(長崎の中国人強制連行の真相を調査する会)'(이하 '진상을 조사하는 모임') 결성의 포석이 되었다. 다카자네 선생님은 이 모임의 공동대표가 되셨고, 1999년 8월에는 방중단을 조직하여 스자좡(石家庄), 한단(邯鄲), 헝수이(衡水), 창저우(滄州) 4개 도시를 돌며 100명에 가까운 사람들을 만나 생생한 증언을 들으셨다. '진상을 조사하는 모임'에 의한 방중 조사는 그 후에도 여러 차례 실시되었으며, 그 중심에는 항상 다카자네 선생님이 계셨다. 가혹한 체험을 증언하는 중국분들을 마주할 때 다카자네 선생님은 그들의 고뇌에 마음을 깊이 기울이며, 동시에 전후 일관되게 무책임했던 일본 정부와 기업을 날카롭게 비판하셨다. 그 성실하며 진지한 모습이 얼마나 중국 사람들에게 신뢰를 받고 사랑받았는지는 말할 필요도 없다.

중국분들이 2003년에 소송에 나서자 '진상을 조사하는 모임'은 '나가사키의 중국인 강제 연행 재판을 지원하는 모임(長崎の中国人強制連行裁判を支援する会)'으로 바뀌어, 회장에는 모토시마 히토시(本島等) 전 나가사키 시장이 취임하고, 실질적인 모임의 운영은 다카자네 선생님이나 히라노 씨가 담당했다. 재판에 관계하면서 강제 연행 피해자 및 그 유족분들을 나가사키로 초청할 기회도 늘었다.

다카자네 선생님은 복잡한 초청 작업을 혼자 감당하며, 나가사키를 방문한 그들을 돕고 용기를 주었고 재판의 의의와 목적 등을 성의 있게 설명하셨다. 2004년 12월의 집중 방문으로 중국에서 10명 이상의 분들이 오셨는데, 아오바소(青葉莊)라는 숙소에서 여러 날 공동생활을 하셨다. 그때 담소를 나누며 중국분들과 식사를 하던 다카자네 선생님의 모습을 잊을 수가 없다.

나가사키의 중국인 강제 연행 소송은 민법의 '제척', '시효'의 논리가 채용되어, 결과만 보면 '패소'였다. 그러나 판결문 속에 분명하게 '강제 연행', '강제 노동'이라는 말을 사용하고, 정부와 미쓰비시가 행한 일들의 사실관계를 인정했다. 연행을 함에 있어서는 '납치 등 되어'라는 표현도 판결문에 기술되어 있어, 손해배상청구가 인정되지는 않았지만 그 의의는 대단히 컸다.

다카자네 선생님은 재판 이외에도 중국인 강제 연행 문제에 관련하여 다양한 활동을 하셨는데, 여기서는 그중 하나인 2008년 중국인 원폭 희생자 추도비 건립에 대해서만 언급한다. 사키토와 시카마치 탄광에 연행된 중국인 노무자 중 32명은 치안유지법과 국방보안법 위반 혐의로 우라카미 형무지소(현 평화공원)에 수용되어, 그곳에서 사망했다. 중국인 강제 연행 소송의 원고인 챠오아이민(喬愛民) 씨, 자퉁선(賈同申) 씨는 그 유족이다. 이 추도비를 건립할 때 평화공원에는 외국에서 기증받은 기념물 등이 있을 뿐, 개별 원폭 희생자 추도비는 없었기 때문에 나가사키시 측과의 교섭에 난항을 겪었다. 최종적으로 건립을 가능하게 만든 것은 모토시마 씨와 히라노 씨의 정치력, 다카자네 선생님의 조리 있고 인정이 가득 담긴 설득력이었다고 생각한다.

추도비의 제막식 때 오열하는 유족의 모습을 지켜보며 다카자네 선생님이, 애절하다고도 할 수 있고 고뇌에 찼다고도 할 수 있는 표정을 지으셨던 것이 생각난다. 마음 깊은 곳에서부터 그들을 애처롭게 생각하고 전후 일본 정부의 무책임한 부조리에 분노를 느끼고 계시다는 것을 느낄 수 있었다. 다카자네 선생님은 약자가 부당하게 고통 받는 것을 자신의 일처럼 참기 힘들어하는 진정으로 인간적이며 다정한 분이셨다.

2016년, 이 강제 연행 문제에 관하여 마침내 미쓰비시머티리얼(三菱マテリアル, 옛 미쓰비시광업)과의 화해가 성립되었다. 그러나 나가사키에서는 강제 연행 터에 추도비를 설치하고 추도 행사를 하는 등의 '화해 사업'은 아직 실현되고 있지 않다. 나가사키현 등과 교섭하여 구체적인 이야기를 진행하고자 하던 때에 다카자네 선생님이 서거하셨다. 아마도 다카자네 선생님에게 중국인 강제 연행 문제는 아직 미해결 과제가 많은 운동이었을 것이다. 1999년 '진상을 조사하는 모임'의 일원으로서, 다카자네 선생님과 함께 처음으로 중국을 여행했을 때 만났던 리칭윈(李慶雲) 씨 등 강제 연행 피해자의 대부분이 이미 돌아가셨다. 패전 후 72년, 나가사키에서 재판을 개시한 때부터 14년이라는 세월의 무게를 통감한다.

다카자네 선생님, 선생님을 처음 만났을 때의 연세보다 지금 제 나이가 훨씬 많습니다. 그러나 해를 거듭하면 할수록 선생님의 존재의 크기, 위대함을 실감하며 제 자신의 기개 없음을 부끄러워하고 있습니다. 오카 선생님과 다카자네 선생님을 직접 알고 지낸 것은 저에게 있어 진정으로 행복한 일이었습니다. 감사했습니다. 다카자네 선생님, 지금은 하늘나라에서 리칭윈 씨들과 술잔을 나누고 계신지요. 남겨진 저희는 좀 더 힘을 내보겠습니다.

섬세하고 온화하며 견고한,
강철 같았던 현대의 '기사(騎士)'

다카하시 신지 高橋慎司 • 전 나가사키대학 교수

내가 그를 안 것은 1980년대 전반, 이미 다카자네 씨는 '나가사키 재일조선인의 인권을 지키는 모임'(당시 대표 오카 마사하루)의 사무국장을 맡아, 실태조사 보고서 『원폭과 조선인』 발행에 깊이 참여하고 있었다. 나가사키 루터교회의 오카 마사하루 목사는 그 책의 제5집에서 조사에 참가한 13명의 귀중한 동지의 필두에 다카자네 씨의 이름을 쓰고, "조선인 피폭자와 조선인 강제 연행·강제 노동을 모르고는 일본의 평화운동은 있을 수 없다"고 명기했다. 유엔에서 '핵무기금지조약'이 채택된 오늘(2017년 여름)에도 그 말은 급진적인 선언이다.

다카자네 씨는 오카 목사와 만남으로 인생의 궤적과 학자로서의 걸음에 큰 전환을 겪게 된다. 그는 1990년대에 참신하고 선진적인 생텍쥐페리 연구 논문 6편을 속속 발표했다. 첫 번째 논문(1992)에서 다카자네 씨 자신의 인생을 관철하는 깊은 함축이 들어 있는 문장(명제)을 발견할 수 있다. "그(생텍쥐페리)의 행동과 문학의 긴밀성은 이미 부동의 것이 되었고, 더욱이 그 행동은 특정한 극한 상황 가운데서 전개되었다. 바로 그 지점에서 인생의 의미를 발견하는 매우 높은 윤리성을 가진 것이었다."

오카 목사는 다카자네 씨를 비롯한 '인권을 지키는 모임'의 동지들과 함께, 일본의 전쟁책임, 그중에서도 조선 인민에 대한 식민지 지배와 강제 연행, 강제 노동에 대한 상세한 조사(예를 들면, 『원폭과 조선인 제4집 ― 하시마의 신음 소리(端島の呻き声)』), 재외 원폭 피해자의 피폭자 건강수첩 교부 신청, 도일 치료, 미지불 임금의 지급 청구 외, 나가사키의 '충혼비' 소송 등의 재판 투쟁에서도 눈에 띄는 활동을 했다.

생전에 오카 목사는 식민지 지배와 침략전쟁을 개시한 일본의 가해책임과 전쟁범죄를 분명히 하는 나가사키 평화자료관을 구상했다. 그러나 1994년 여름, 하나의 숲이 불타 사라진 듯이 그가 세상을 떠났다. 오카 목사의 유지를 이어 다카자네 씨는 폭넓은 동지와 시민들의 협력을 받아 이듬해인 1995년 '오카 마사하루 기념 나가사키 평화자료관'을 설립했고, 이사장으로 취임했다. 창업자로서 그가 기울인 노력은 어마어마했을 것이다.

나는 '나가사키 평화자료관' 설립 이래 줄곧 회원이었지만, 표면적인 일은 하지 못했다. 다만 근래 아내인 다카하시 야스코(高橋靖子)와 함께 브라이언 버크 개프니(Brian Burke-Gaffney) 선생의 교열을 거쳐, 전시물 중 몇 군데에 누락된 영어 설명문을 덧붙이는 일을 도왔다. 그러한 작은 일에도 다카자네 이사장은 매우 정중하게 대했고 예의를 다했다.

"나가사키는 만남의 장소다, 자기 자신과 만나면 다짐의 장소가 된다"는 게 나의 감회다. 다카자네 씨는 나가사키에 부임하여 오카 마사하루 목사를 만났고, 아시아 여러 국민, 그중에서도 또 하나의 '그날'을 가진 조선인 원폭 피해자의 기본적인 인권과 존엄을 위해 싸웠다. 그런 의미에서 그는 '전후 책임', '평화 책임'을 그 가냘픈 두 어깨에 짊어졌었다고 말할 수 있다. 그것은 앞서 말한 생텍쥐페리의 명제를 실천하는 것이기도 했다. 프랑스 공화국 정부가 '기사(騎士)' 호칭을 그에게 수여한 까닭도 바로 이점에 있다.

다카자네 야스노리 씨는 오카 마사하루 목사와 협동하여 그의 유지를 잇고, 일본국과 일본 국민의 전쟁범죄를 엄중하게 물음과 동시에 '인권과 존엄'에 관한 섬세한 감수성을 가진, 내가 경애하는 현대의 '기사'였다.

조선인 강제 동원과 원폭 피해 조사에 길잡이가 되어주시다

허광무 • 일제강제동원 & 평화연구회 연구원,
전 대일 항쟁기 강제 동원 피해 조사 및 국외 강제 동원 희생자 등 지원위원회 조사3과장

우선 다카자네 선생님의 고별식에 참석하지 못한 것을 용서 바랍니다. 올해 초, 다카자네 선생님께 의논드리고 싶은 것이 있어 연락을 드린 일이 있습니다. 나가사키의 '군함도'를 자세히 알고 싶다고 하는 지인에게 자연스럽게 '나가사키 재일조선인의 인권을 지키는 모임'(이하 '인권을 지키는 모임')에 대해 알려주고, 선생님을 소개하고 싶었기 때문입니다. 곧바로 지인의 의뢰를 선생님께 전하자, 이틀 뒤 도착한 답신에서 선생님은 폐질환으로 입원과 퇴원을 반복하고 계시다고 말씀하셨습니다. 늘 접해온 것과 똑같은 정중한 말투 덕분에 아무런 의심도 없이 가벼운 병일 거라고 생각해버린 저는 선

생님의 말씀에 따라 시바타 도시아키(柴田利明) 사무국장님께 연락을 취했습니다. 시바타 선생님도 다카자네 선생님의 건강을 염려하셨지만, 저는 설마 이 정도로 무거운 병일 거라고는 생각하지 못했습니다. 돌이켜보면 그것이 선생님과 나눈 마지막 편지가 되었습니다.

다카자네 선생님과 저의 만남은 2005년에 시작되었습니다. 나가사키의 조선인 원폭 피해 문제와 전시 강제 동원을 조사하던 저희는 운 좋게도 '인권을 지키는 모임'에서 발행한 자료집을 입수하여 읽어보게 되었습니다. 그 후 현지 조사를 위해 나가사키시를 방문했습니다. 휘몰아치는 빗속에서 트렌치코트를 걸치고 마중 나와주신 선생님은 몸집이 작고 하얀 수염이 무척 잘 어울리는 노신사였습니다. 선생님은 저희의 현지 조사가 성과를 거둘 수 있도록 대단히 신경을 써주셨고, 자진하여 안내 역할을 맡아주셨습니다. 그 후에도 선생님의 극진한 협력은 계속되었고, 저희는 당시 조사를 보고서로 정리할 수 있었습니다. 그뿐이 아닙니다. 사실은 선생님들이 작업해오신 조사 보고서가 먼저 귀중한 길잡이가 되어, 저희를 인도하여준 것입니다. 선생님은 학문적으로도 큰 족적을 남기셨습니다. 다시금 감사 인사를 올립니다.

지금도 나가사키시에 도착하면 그 길목에서 저희를 기다리시는 선생님을 만날 수 있을 것 같은 기분이 듭니다. 코트로 몸을 감싸고 한 손에 우산을 낮춰 들고 서 계시던 선생님의 모습이 눈에 어리어

떠나질 않습니다. 이제 더 이상 선생님을 만날 수 없다고 생각하면 가슴이 꽉 막히고 답답해집니다. 입가에 미소를 띤 채 늘 정중하게 말씀해주셨던 선생님을 평생 잊지 못할 것입니다. 선생님이 그리워 견딜 수 없을 때는 높직한 언덕 위에 '평화자료관'으로 선생님을 뵈러 가겠습니다.

다카자네 선생님, 긴 세월 정말 고생 많으셨습니다. 나중 일은 저희 후배들에게 맡기시고 부디 천국에서 편히 잠드세요.

4부

부록

전쟁과 원폭의 비참함은 영원히 가슴에 깊이 새기고 잊어서는 안됩니다. 그러나 비참한 결과를 불러일으킨 원인이 잔인함이 극에 달했던 일본의 아시아 침략에 있다는 점도 분명히 마음에 새길 필요가 있습니다. 우리가 받은 고통의 깊이를 아는 일이, 일본이 다른 나라 사람들에게 준 고통의 깊이를 아는 것으로 이어지지 않는다면 평화를 구축하는 것도 불가능합니다.

일본의 침략과 전쟁에 희생된 외국의 사람들은 전후 50년이 지나도록 아무런 보상도 받지 못한 채 버림받아왔습니다. 가해의 역사를 숨겨온 탓입니다. 가해자가 피해자에게 사죄도, 보상도 하지 않는 이러한 무책임한 태도만큼 국제적인 신뢰를 배신하는 행위는 없을 것입니다.

핵무기의 사용이 정당화되면 다시금 사용될 위험이 있는 것과 마찬가지로, 무책임한 태도가 용납된다면 또다시 전쟁이 일어날 수 있습니다.

이 '평화자료관'은 일본의 무책임한 현상을 고발하는 데 생애를 바친 고(故) 오카 마사하루 씨의 뜻을 계승하여, 사실(史實)에 입각하여 일본의 가해책임을 알리고자 시민의 손으로 직접 설립한 곳입니다. 정치, 사회, 문화를 담당할 주인공은 비록 작아 보일지라도 한 사람, 한 사람의 시민입니다. 우리 자료관을 방문하는 한 사람, 한 사람이 가해의 진실을 앎과 동시에 피해자의 아픔을 생각하고, 하루빨리 전후 보상을 실현하고 전쟁을 하지 않겠다는 맹세를 실천하기 위해 헌신하게 되기를 간절히 바랍니다.

1995년 10월 1일

오카 마사하루 기념 나가사키 평화자료관

戦争や原爆の悲惨さはいつまでも深く胸に刻み、これを風化させてはなりません。しかし、悲惨な結果を招いた原因が、残虐の限りをつくした日本のアジア侵略にあったこともしっかりと心に刻む必要があります。受けた苦しみの深さを知ることが、与えた苦しみの深さも知ることにつながらなければ、平和を築くことはできません。

日本の侵略と戦争の犠牲となった外国の人々は、戦後50年たって

も何ら償われることなく見捨てられてきました。加害の歴史は隠されてきたからです。加害者が被害者にお詫びも償いもしないという無責任な態度ほど国際的な信頼を裏切る行為はありません。

　核兵器の使用が正当化されれば再び使用される恐れがあるのと同様に、無責任な態度が許されるのならば、再び戦争が引き起こされる恐れがあります。

　この平和資料館は、日本の無責任な現状の告発に生涯を捧げた故岡正治氏の遺志を継ぎ、史実に基づいて日本の加害責任を訴えようと市民の手で設立されました。政治、社会、文化の担い手は、たとえ小さく見えようとも一人ひとりの市民です。当館を訪れる一人ひとりが、加害の真実を知るとともに被害者の痛みに思いを馳せ、一日も早い戦後補償の実現と非戦の誓いのために献

　身されることを願ってやみません。

1995年 10月 1日

岡まさはる記念長崎平和資料館

1939년 서울에서 태어남. 6세에 야마구치현으로 본국 귀환.

1964년 규슈대학 문학부 불어불문학과 졸업.

1965년 우시지마 아야코(牛島絢子)와 결혼. 슬하에 3남 1녀를 둠.

1967년 규슈대학 대학원 불어불문학 석사과정 수료.

1969년 규슈대학 대학원 문학연구과 불어불문학 전공 박사과정 중퇴. 나가사키대학 교양부 강사(프랑스어)로 취임.

1971년 프랑스 정부 초빙 연수원으로 포대학, 그르노블대학, 파리대학 유학.

1972년 귀국.

1974년 나가사키대학 교양부 조교수에 취임.

1977년 오무라 수용소 실태조사에 참가. '나가사키 재일조선인의 인권을 지키는 모임' 대표 오카 마사하루를 만남.

1979년 히로시마·나가사키에서 진행된 조선인 원폭 피해자 실태조사에 참가. '나가사키 재일조선인의 인권을 지키는 모임'이 '추도 나가사키 원폭 조선인 희생자 추도비'를 폭심지(爆心地) 공원에 설치(8월 9일).

1979년 『학급통신』과 통지표 문제를 계기로『나가사키교육통신』 창간. 1980년부터 대표를 맡음.

1987년 '시민운동네트워크 나가사키' 발족, 초대 대표에 취임. 사무소를 나가사키현 교육문화회관에 둠(11월).

1988년 모토시마 나가사키 시장이 천황에게 전쟁책임이 있다고 의회에서 발언(12월). 모토시마 발언을 지지하며, 언론의 자유를 지키는 시민 유지 서명 활동을 개시, 호소인으로서 선두에 섬.

1990년 모토시마 시장이 우익의 총격을 받음(1월 18일). '언론의 자유를 요구하는 나가사키 시민모임'이 1000명 규모 집회와 시위를 벌임(2월 25일). 자유학원 '리베르테' 설립(9월).

1993년 나가사키대학 교양부 교수에 취임.

1994년 오카 마사하루 서거 후, '나가사키 재일조선인의 인권을 지키는 모임' 대표가 됨.

1995년 오카 마사하루의 뜻을 이어 '오카 마사하루 기념 나가사키 평화자료관'을 설립, 이사장을 맡아 일함.

1997년 교양부 개편에 따라 나가사키대학 환경과학부 교수로 취임. 나가사키대학 환경과학부 초대 평의원으로 취임(10월, 1999년 9월까지).

2000년 '오카 마사하루 기념 나가사키 평화자료관'과 '난징대학살기념관' 사이 우호관 제휴 체결.

2002년 '나가사키 재일조선인의 인권을 지키는 모임'이 제8회 평화·공동 저널리스트 기금상을 수상함.

2003년 '오카 마사하루 기념 나가사키 평화자료관'이 특정비영리활동법인(NPO) 설립 인증을 받고, 이사장이 됨(5월 26일). 나가사키 중국인 강제 연행 재판이 시작됨(11월). 이 무렵 '나가사키 중국인 강제 연행 재판을 지원하는 모임'의 공동대표가 되었고, 열정적으로 활동을 함.

2004년 오랜 기간 대표를 맡았던 『나가사키교육통신』이 100호(11월 1일)를 발행하고 폐간.

2005년 나가사키대학 정년 퇴임. '오카 마사하루 기념 나가사키 평화자료관'과 '731부대 죄증진열관' 사이 우호관 제휴 체결.

2006년 프랑스 정부가 주는 학술공로훈장(Ordre des Palmes académiques) 기사장(Chevalier) 수상. '재외피폭자지원연락회' 공동대표로 취임.

2007년 '우라카미 형무지소 중국인 원폭 희생자 추도비 건립위원회' 발족과 동시에, 모토시마 히토시 전 나가사키 시장과 함께 공동대표를 맡음.

2008년 '우라카미 형무지소 중국인 원폭 희생자 추도비'가 평화공원에 설치됨(7월 7일). '우라카미 형무지소 중국인 원폭 희생자 추도비 유지·관리위원회'를 발족하여 모토시마 히토시와 공동대표를 맡음.

2010년 '오카 마사하루 기념 나가사키 평화자료관'과 '상하이 중국위안부 자료관' 사이 우호 제휴 체결.

2013년 '나가사키 재일조선인의 인권을 지키는 모임', '재외피폭자지원연락회', '나가사키의 중국인 강제 연행 재판을 지원하는 모임', '오카 마사하루 기념 나가사키 평화자료관', '스미요시 터널의 보존과 활용을 생각하는 시민모임' 등의 많은 활동에 종사.

2016년 마지막이 된 피폭 71주년 〈원수폭금지세계대회〉 나가사키 대회제6분과회 '강제 연행과 피폭을 생각한다' 모임에서 강연(8월 8일). 오랜 기간 이 분과회에서 강사를 맡았음. 나가사키 원폭 조선인 희생자 추도 조조 집회(8월 9일)에서 마지막이 된 추도사 발표. 폐렴으로 인해 투병 생활을 함(11월).

2017년 심부전으로 서거(4월 7일).

저작 목록

1966. 「생텍쥐페리 연구(サン・デグジュペリ研究)」, 『나가사키외국어단기대학 논총(長崎外国語短期大学論叢 제8호), 나가사키외국어단기대학.

1972. *Formation des Pensées de La Rochefoucauld*, 『나가사키대학 교양부 기요 인문과학 편(長崎大学教養部紀要人文科学篇) 제13권』, 나가사키대학.

1973. *Formation des Pensées de La Rochefoucauld*, 『나가사키대학 교양부 기요 인문과학 편 제14권』.

1973. (공역) 『자연이 파멸되기 전에(自然が滅びぬうちに)』(Jean Dorst 저), 스루가다이출판사(駿河台出版社).

1980. 11. 「PTA의 체질은 개선될 수 있을까」, 『교육평론(教育評論)』 397호.

1982. 7. (공저) 『원폭과 조선인(原爆と朝鮮人)』 제1집, 나가사키 재일조선인의 인권을 지키는 모임(長崎在日朝鮮人の人権を守る会).

1983. 7. (공저) 『원폭과 조선인』 제2집, 나가사키 재일조선인의 인권을 지키는 모임.

1983. 7. (번역)『일본 회상기(日本の思い出)』(Linden 저), 나가사키문헌사(長崎文献社).

1984. 7. (공저)『원폭과 조선인』제3집, 나가사키 재일조선인의 인권을 지키는 모임.

1985. 3. 「교육을 생각하는 시민의 힘」,『나가사키교육통신(長崎の教育通信 —子どもと親と地域でつくる)』제22호,『나가사키교육통신』편집부(長崎の教育通信編集部).

1986. 3. (공저)『조선인 피폭자란 — 숨겨진 진실(朝鮮人被爆者とは:かくされた真実)』, 나가사키 재일조선인의 인권을 지키는 모임.

1986. 6. 「기미가요를 부를 수 없다」,『나가사키교육통신』제27호.

1986. 6. (공저)「지역활동 기록 — 긴카이 '엄마와 자녀'의 독서회」,『나가사키교육통신』제27호.

1986. 9. (공저)『원폭과 조선인』제4집, 나가사키 재일조선인의 인권을 지키는 모임.

1987. 3. 「'학력이 높다는' 초중고교와 대학의 책임」,『나가사키교육통신』제30호.

1987. 3. 「아이디어 쏙쏙 '시민운동센터' 개설로」,『나가사키교육통신』제30호.(편집자로 서명)

1987. 9. 「수국의 메시지」,『나가사키교육통신』제32호.

1988. 6. 「체벌 · 기미가요 · 군가 '동기의 벚꽃'」,『나가사키교육통신』제35호.

1988. 12. 「교복 없는 학원을 만들자」, 『나가사키교육통신』 제37호.

1989. 2. 「키워가고 싶은 언론의 자유」, 『나가사키교육통신』 제38호.

1989. 9. 「평화교육은 교육의 출발점」, 『나가사키교육통신』 제40호.

1989. 12. 「작은 손으로 작은 학원을」, 『나가사키교육통신』 제41호.

1989. 12. (사회)「좌담회 재한 원폭 피해자 2세에게 장학금을」, 『나가사키교육통신』 제41호.

1990. 6. 「아이들 자신에게 물어보자」, 『나가사키교육통신』 제43호.

1990. 7. 「조용히 뿌리를 뻗어가라 '나가사키의 목소리'」, 『천황제와 작은 민주주의 모토시마 시장 총격에 저항하는 시민들(天皇制と小さな民主主義―本島長崎市長銃撃に抗する市民たち)』, 언론의 자유를 요구하는 나가사키 시민회(言論の自由を求める長崎市民の会) 편, 아카시서점(明石書店).

1990. 10. 「자유학원 리베르테」, 『증언 1990 히로시마·나가사키의 목소리(証言1990ヒロシマ·ナガサキの声)』, 나가사키증언회(長崎の証言の会).

1991. 8. (공저)『원폭과 조선인』 제5집, 나가사키 재일조선인의 인권을 지키는 모임.

1991. 9. 「리베르테의 1년은 천천히 흘렀다」, 『나가사키교육통신』 제48호.

1991. 12. 「교육통신 50호로 폐간?」, 『나가사키교육통신』 제49호.

1992. 1. 「생텍쥐페리의 망명에 있어서 이율배반의 불가피성에 관하여」, 『나가사키대학 교양부 기요 인문과학 편』, 32(2).

1992. 3. 「천만에, 살아 있다! 교육통신」, 『나가사키교육통신』 제50호.

1992. 7. 「생텍쥐페리에 대한 배신자 혐의에 관하여」, 『나가사키대학 교양부 기요 인문과학 편』, 33(1).

1992. 9. 「야마다 소송 드디어 회심의 변론」, 『나가사키교육통신』 제52호.

1992. 「생텍쥐페리의 망명에 관한 하나의 고찰」, 『규슈 프랑스문학회지 (九州フランス文学会誌)』.

1993. 1. 「생텍쥐페리 'X 장군에게 보내는 편지'의 특이성에 관하여」, 『나가사키대학 교양부 기요 인문과학 편』, 33(2).

1993. 3. 「어린이 수난의 시대」, 『나가사키교육통신』 제54호.

1993. 12. 「어깨가 결려요, 학교란 건」, 『나가사키교육통신』 제57호.

1994. 1. 「'진실의 은폐'와 '기만'을 용납할 수 없다. 녹슨 톱니바퀴를 돌리자」, 『녹슨 톱니바퀴를 돌리자 ― 자료 '화인 노무자 조사보고서'(さびついた歯車を回そう―資料「華人労務者調査報告書」)』, 나가사키 재일조선인의 인권을 지키는 모임.

1994. 6. (공저) 『원폭과 조선인』 제6집, 나가사키 재일조선인의 인권을 지키는 모임.

1994. 7. (편집) 『8개 국어 역 '세계의 사람들에게' ― 조선인의 기록(8ケ国語訳「世界の人へ」― 朝鮮人の記録)』, 동시대사(同時代社).

1994. 12. (대담) 「'말하자' 방담회」, 『나가사키교육통신』 제61호.

1995. 6. 「편집 후기」, 『나가사키교육통신』 제63호. ('다카(高)'로 서명)

1995. 7. 「선생님, 너무나 한스럽습니다」, 『추도 오카 마사하루 ―고루를 지키는 싸움(追悼 岡正治 ―孤塁を守る戦い)』, 오카 마사하루 추도집 간행

위원회(岡まさはる追悼集刊行委員会編集発行).

1995. 10. 「문부성의 괴롭힘, 말뿐인 인간 형성 교육」,『나가사키교육통신』제64호.

1995. 10. 「일본의 가해책임을 묻는 '오카 마사하루 기념 나가사키 평화자료관' 설립」,『나가사키교육통신』제64호.(편집부로 서명)

1995. 12. 「편집후기」,『나가사키교육통신』제65호.('다카(高)'로 서명)

1996. 7. 「생텍쥐페리의 엔트로피론」,『나가사키대학 교양부 기요 인문과학 편』, 37(1).

1996. 7. 「생텍쥐페리의 생명·의식론과 지구환경의 위기」,『나가사키대학 교양부 기요 인문과학 편』, 37(1).

1996. 8. 「요시다 쇼인과 후쿠자와 유키치를 찬미하지 말라」,『니시자카통신』제7호, 오카 마사하루 기념 나가사키 평화자료관(岡まさはる記念長崎平和資料館).

1996. 12. 「신숙옥 선생에게 보내는 편지」,『니시자카통신』제10호.

1996. 12. 『한국·조선인 피폭자와 강제 연행(韓国·朝鮮人被爆者と強制連行)』, 오카 마사하루 기념 나가사키 평화자료관.

1996. 12. 「누구나 대학에 입학할 수 있는 시대를 향하여」,『나가사키교육통신』제69호.

1997. 3. 「중고교 일관 교육을 모두의 것으로」,『나가사키교육통신』제70호.

1997. 6. 「진실을 알고 싶다 '중학교 역사교과서 기술에 관한 청원서' 불채택을 요구하는 청원서(本当のことが知りたい「中学校歴史教科書の記述

に関する請願書」の不採択を求める要請書), 나가사키 재일조선인의 인권을 지키는 모임.

1997. 9. 「조선 침략의 국가책임 — 한일 문화 교류의 저해 요인」, 『나가사키대학 교양부 기요 인문과학 편』, 38(1).

1997. 12. 「진실을 가르쳐 아시아의 신뢰를」, 『나가사키교육통신』 제73호.

1998. 6. 「'자부심'이여, 어디로 가는가」, 『나가사키교육통신』 제75호.

1998. 10. (인터뷰)「교육과 활동을 일직선으로 살아가는 신카이 도모히로 씨」, 『나가사키교육통신』 제76호.

1998. 12. (사회)「좌담회 '국제화란 무엇인가'」, 『나가사키교육통신』 제77호.

1999. 6. (사회)「좌담회 '가이드라인과 평화교육'」, 『나가사키교육통신』 제79호.

1999. 6. 「나가사키 조선인 피폭자 실태조사」, 『일본원폭론 대계 제3권 — 원폭 피해는 국경을 초월한다(日本原爆論大系 第3卷 — 原爆被害は国境を越える)』, 사카모토 요시카즈(坂本義和)·쇼노 나오미 감수(庄野直美監修), 일본도서센터(日本図書センター).

1999. 10. 「나가사키의 '노동자'를 찾아 화베이에」, 『나가사키교육통신』 제80호.

2000. 6. 「다시 '세계의 사람들에게' — 18개 국어 번역 출판에 부쳐」, 『다시 만나자 어딘가에서 — 모리 젠키치(작가·각본가·영화감독)의 세계(又会おうどこかで — 盛善吉(作家·脚本家·映画監督)の世界)』, 모리 젠키치 씨

를 추모하는 모임 편집위원회(盛善吉さんを偲ぶ会編集委員会) 편, 미즈노와출판(みずのわ出版).

2000. 6. 「근대 일본론과 역사 인식」, 『환경과 문화(環境と文化)』, 나가사키대학 문화환경연구회(長崎大学文化環境研究会) 편, 규슈대학출판회(九州大学出版会).

2000. 9. 「나가사키와 난징을 잇는 여행」, 『니시자카통신』 제25호.

2001. 1. 「세기를 넘어 '전사불망'을」, 『니시자카통신』 제26호.

2001. 5. 「다문화사회와 환경」, 『환경과학에의 접근(環境科学へのアプローチ)』, 나가사키대학 문화환경/환경정책연구회(長崎大学文化環境/環境政策研究会) 편, 규슈대학출판회.

2001. 10. 「교과서 문제의 행방과 역사 인식」, 『니시자카통신』 제29호.

2001. 12. 「증오와 보복의 연쇄를 끊어라」, 『나가사키교육통신』 제89호.

2002. 3. 「나가사키의 조선인, 중국인 강제 연행·강제 노동」, 『기호화하는 차별 의식과 배제의 논리(記号化する差別意識と排除の論理)』, 하나조노대학 인권교육 연구실(花園大学人権教育研究室), 비평사(批評社).

2002. 7. 「중국인 강제 연행 생존자 대표와 유족의 방일을 실현」, 『니시자카통신』 제31호.

2002. 8. 「추도사 — 원통함의 말」, 『긍지 높았던 삶 — 추도 서정우(その誇り高き人生 — 追悼徐正雨)』, 나가사키현 피폭 2세 교직원회·나가사키 재일조선인의 인권을 지키는 모임·오카 마사하루 기념 나가사키 평화자료관.

2002. 10. 「희망의 날개 제1편 탑승기」, 『'중일우호 희망의 날개' 방중 보

고집(「日中友好 · 希望の翼」訪中報告集)』, 오카 마사하루 기념 나가사키 평
화자료관.

2002. 10. 「현대 일본 학생의 역사 인식 — 나가사키대학 평화강좌 설문조
사에서」, 『'중일우호 희망의 날개' 방중 보고집』, 오카 마사하루 기념 나가
사키 평화자료관.

2002. 11. 「출발 '희망의 날개'」 제1편, 『니시자카통신』 제32호.

2002. 『나가사키의 중국인 강제 연행(長崎の中国人強制連行)』, 나가사키
의 중국인 강제 연행 진상을 조사하는 모임 · 나가사키의 중국인 강제 연행
재판을 지원하는 모임(長崎の中国人強制連行の真相を調査する会 · 長崎の
中国人強制連行裁判を支援する会).

2003. 2. 「전쟁과 인권」, 『인권의 새로운 지평(人権の新しい地平)』, 무라
다 쓰오(岡村達雄) · 다마다 가쓰로(玉田勝郎) 편, 학술도서출판(学術図書
出版).

2003. 3. 「평화NPO로서 새로운 출발을」, 『니시자카통신』 제33호.

2003. 3. 「전쟁의 법칙을 가르치자」, 『나가사키교육통신』 제94호.

2003. 10. 「시험대에 오른 역사의 교훈」, 『니시자카통신』 제35호.

2004. 10. 「시민 국제 교류의 토대로」, 『니시자카통신』 제38호.

2004. 11. 「'교육통신'으로 내달렸던 무렵」, 『나가사키교육통신』 제100호.

2005. 7. 「'반일'이라고 말하기 전에」, 『니시자카통신』 제40호.

2006. 10. 「나가사키 원폭 조선인 희생자 추도 조조집회 추도사」, 『증언
2006 히로시마 · 나가사키의 목소리』, 나가사키증언회.

2006. 12. 「박민규 씨를 추모하며 — 하루빨리 '비원'이 이루어지기를」, 『나가사키신문(長崎新聞)』, 2006년 12월 4일 자.

2007. 1. 「말하고 싶은 대로 마음껏 말하는 국제평화도시의 품격」, 『Choho』(나가사키대학 홍보지) 제18호.

2007. 10. 「나가사키 원폭 조선인 희생자 추도 조조집회 추도사」, 『증언 2007 히로시마・나가사키의 목소리』, 나가사키증언회.

2007. 11. 「간행에 부쳐」, 『추도 박민규 씨, 그 활동과 일생 '밝게 살지 않으면 아무것도 생기지 않는다'(追悼朴玟奎さん-その活動と一生「明るく生きなければ何も生まれない」)』, 오카 마사하루 기념 나가사키 평화자료관.

2008. 1. 「난징대학살 70주년」, 『니시자카통신』 제48호.

2008. 7. 「자료관에 대한 '위화감'에 답한다」, 『니시자카통신』 제50호.

2008. 10. 「나가사키 원폭 조선인 희생자 추도 조조집회 추도사」, 『증언 2008 히로시마・나가사키의 목소리』, 나가사키증언회.

2009. 1. 「텐진으로의 여행 — 강제 연행 희생자를 추도하다」, 『니시자카통신』 제52호.

2009. 1. 「일본의 가해책임과 전후 보상」, 『나가사키에서 평화학을 하다!(ナガサキから平和学する!)』, 다카하시 신지(高橋眞司)・후나고에 고이치(舟越耿一) 편, 법률문화사(法律文化社).

2009. 5. 「양심적 병역거부 독일인 청년도 함께 일하는 NPO법인 오카 마사하루 기념 나가사키 평화자료관의 활동」, 『월간 사회교육(月刊社会教育)』 제643호, 고쿠도샤(国土社).

2009. 10. 「시험대에 오른 '역사를 직시하는 용기'」, 『니시자카통신』 제55

호.

2009. 10. 「우라카미 형무소 ─ 중국인 원폭 희생자 숫자 문제에 관하여」, 『증언 2009 히로시마·나가사키의 목소리』, 나가사키증언회.

2009. 10. 「나가사키 원폭 조선인 희생자 추도 조조집회 추도사」, 『증언 2009 히로시마·나가사키의 목소리』, 나가사키증언회.

2010. 1. 「길을 가는 도중 15년째를 맞이하는 자료관」, 『니시자카통신』 제 56호.

2010. 3. 「전문 분야를 넘어 함께 걸었던 마음의 벗에게」, 『문화환경연구(文化環境研究)』 4, 나가사키대학 환경과학부 문화환경 강좌(長崎大学環境科学部文化環境講座) 편.

2010. 7. 「한국의 히로시마 합천을 다녀와서」, 『니시자카통신』 제58호.

2010. 10. 「나가사키 원폭 조선인 희생자 추도 조조집회 추도사」, 『증언 2010 히로시마·나가사키의 목소리』, 나가사키증언회.

2010. 10. 「미쓰비시 병기제작소, 스미요시 터널 공장터 ─ 조선 침략과 침략전쟁을 고발하는 전쟁·피폭 유적」, 『증언 2010 히로시마·나가사키의 목소리』, 나가사키증언회.

2011. 1. 「내셔널리즘에 지지 않는 역사 인식을」, 『니시자카통신』 제60호.

2011. 7. (공저) 『군함도에 귀를 기울이면 ─ 하시마에 강제 연행된 조선인·중국인의 기록(軍艦島に耳を澄ませば ─ 端島に強制連行された朝鮮人·中国人の記録)』, 나가사키 재일조선인의 인권을 지키는 모임, 사회평론사(社会評論社).

2011. 10. 「기조 강연 ─ 미해결의 전쟁책임과 미디어」, 나가사키 매스

컴·문화 공투회의 제40기 활동 보고(長崎マスコミ·文化共鬪会議第40期
活動報告) 강연 기록.

2011. 10. 「나가사키 원폭 조선인 희생자 추도 조조집회 추도사」,『증언
2011 히로시마·나가사키의 목소리』, 나가사키증언회.

2011. 10. 「한국 강제 병합 100년 — 역사적 사실과 극복의 과제 제1부」,
『증언 2011 히로시마·나가사키의 목소리』, 나가사키증언회.

2011. 11. 「'한국 병합'이 초래한 조선인의 원폭 피해」,『바다를 넘는 100
년의 기억(海を越える100年の記憶)』, 이수경(李修京) 편, 도서신문(図書新
聞).

2012. 7. 「한일조약의 장벽을 넘어서」,『니시자카통신』제66호.

2012. 7. 「나가사키의 전쟁·원폭 기념물 비판」,『원폭과 방공호(原爆と防
空壕)』,『원폭과 방공호』간행위원회(原爆と防空壕」刊行委員会) 편, 나가
사키신문사(長崎新聞社).

2012. 10. 「나가사키 원폭 조선인 희생자 추도 조조집회 추도사」,『증언
2012 히로시마·나가사키의 목소리』, 나가사키증언회.

2012. 10. 「한국 강제 병합 100년 — 역사적 사실과 극복의 과제 제2부」,
『증언 2012 히로시마·나가사키의 목소리』, 나가사키증언회.

2013. 1. 「'역사윤리'를 묻는 해로」,『니시자카통신』제68호.

2013. 7. 「흔들림 없는 역사 인식을」,『니시자카통신』제70호.

2013. 10. 「가치를 평가받은 자료관의 존재」,『니시자카통신』제71호.

2013. 10. 「나가사키 원폭 조선인 희생자 추도 조조집회 추도사」,『증언

2013 히로시마·나가사키의 목소리』, 나가사키증언회.

2013. 10. 「'역사윤리'의 작동」, 『증언 2013 히로시마·나가사키의 목소리』, 나가사키증언회.

2013. 12. 「식민지 지배·강제 연행과 조선인 피폭자」, 『21세기의 글로벌 파시즘(21世紀のグローバル·ファシズム)』, 기무라 아키라(木村朗)·마에다 아키라(前田朗) 편저, 고분샤(耕文社).

2014. 3. (공저) 『원폭과 조선인』 제7집, 나가사키 재일조선인의 인권을 지키는 모임.

2014. 8. 「일본의 가해성에도 주목한 올리버 스톤 감독」, 『그래, 전쟁에 대해 이야기하자. 전쟁의 본질에 대한 이야기를 해보자(よし゛戦争について話をしよう゜戦争の本質について話をしようじゃないか)』, 올리버 스톤·피터 커즈닉·노리마쓰 사토코(乗松聡子) 편, 긴요비(金曜日).

2014. 10. 「나가사키 원폭 조선인 희생자 추도 조조집회 추도사」, 『증언 2014 히로시마·나가사키의 목소리』, 나가사키증언회.

2015. 1. 「자료관 설립 20주년 ─ 첫 마음을 떠올리며」, 『니시자카통신』 제76호.

2015. 5. 「'군함도'가 세계유산이어도 되는가 ─ 잊힌 조선인 강제 연행의 상처」, 『슈칸긴요비(週刊金曜日)』 통권1060, 2015년 5월 29일.

2015. 6. (인터뷰 기사) 「한국·조선인 피폭자를 비롯한 재외피폭자에 대한 차별 철폐를!」, 『어젠다 미래의 과제(アジェンダ·未来への課題)』 제49호.

2015. 7. 「한국에서의 강연과 학생들의 예리한 질문」, 『니시자카통신』 제78호.

2015. 8. 「관광 지도에 실리지 않은 나가사키 — 군함도의 자료관」, 『미스터 파트너(ミスター・パートナー)』, 2015년 8월 10일.

2015. 10. 「나가사키 원폭 조선인 희생자 추도 조조집회 추도사」, 『증언 2015 히로시마·나가사키의 목소리』, 나가사키증언회.

2016. 1. 「방중 보고 — 용납할 수 없는 역사의 개찬」, 『니시자카통신』 제80호.

2016. 1. 「나가사키와 조선인 강제 연행 — 조사 연구의 성과와 과제」, 『오하라 사회문제연구소잡지(大原社会問題研究所雑誌)』, 제687호.

2016. 4. 「'위안부' 문제, 성의 없는 한일 합의에 반대한다」, 『니시자카통신』 제81호.

2016. 8. (공저) 『군함도에 귀를 기울이면 — 하시마에 강제 연행된 조선인·중국인의 기록』(증보판), 나가사키 재일조선인의 인권을 지키는 모임, 사회평론사.

2016. 10. 「나가사키 원폭 조선인 희생자 추도 조조집회 추도사」, 『증언 2016 히로시마·나가사키의 목소리』, 나가사키증언회.

전은옥

푸치니의 오페라 〈나비부인〉의 배경으로 알려진 아름다운 항구
도시 나가사키는 쇄국 시대 일본에서 유일하게 서구 문물이 들어오
는 국제무역의 도시였다. 또한 가톨릭 전파와 순교의 유서 깊은 역
사를 품은 신앙의 도시이기도 하다. 일본이 일으킨 침략전쟁 시기에
는 무기와 군함을 만들어 전쟁을 떠받치고 숱한 조선인과 중국인을
강제 동원·연행하여 강제 노동을 시킨 전범 기업 미쓰비시와 그 역
사를 함께하기도 했다. 결국 일본의 패전을 앞둔 1945년 8월 9일, 나
가사키는 인류사상 두 번째 실전 핵무기인 원자폭탄 피폭의 참화를
겪어야 했다. 그리고 지금은 핵무기의 비인도적인 참상과 피폭자의
고통을 전하며, 세계를 향해 전쟁과 핵무기 없는 세상을 부르짖는
평화의 도시가 되었다.

이곳 나가사키의 창구인 일본 철도(JR) 나가사키역과 항구를 마
주 보는 니시자카 언덕 위에 '오카 마사하루 기념 나가사키 평화자

료관'이 있다. 일본의 과거 침략전쟁과 가해의 역사를 고발하는 평화교육·역사교육의 장이자, 피해자의 아픔을 가슴에 새겨 전후 보상을 실현하기 위한 시민운동의 장으로서 설립된 곳이다. 국립도 시립도 아니다. 오로지 시민의 뜻과 힘으로 건립하여 운영하는 민간 자료관이다.

1995년 10월 1일에 개관한 이 자료관을 설립하고 이끌어온 인물이 바로 본서의 저자인 다카자네 야스노리 전 이사장(1995~2017)이다. 그리고 이 자료관을 처음 구상하고 제창한 인물은 고(故) 오카 마사하루 씨였다. 그는 일본 루터복음교회의 목사이자, 나가사키의 시의원을 3기에 걸쳐 역임하고, 나가사키는 물론이고 일본 전체를 통틀어 매우 급진적이며 선구적인 반전·반핵·인권 사상을 가진 평화운동가였다. 오카 씨는 1960년대 당시 대부분의 일본인이 전혀 주목하지 않았던 일본의 전쟁책임과 가해책임 문제에 주력했다. 특히 어둠에 묻혀 있던 조선인 원폭 피해자의 실태를 밝히고 전후 보상을 실현하는 일에 평생 헌신했다. 이를 위해 '나가사키 재일조선인의 인권을 지키는 모임'을 선두에서 이끌며, 십여 년에 걸쳐 나가사키 조선인 강제 연행과 원폭 피해의 진상을 규명했다. 그 결실이 담긴 역작이 바로 『원폭과 조선인(原爆と朝鮮人)』 제1~7집(7집은 오카 씨의 사후, 다카자네 야스노리 등이 집필하고 편찬)이다.

"(일본인과 조선인의) 물리적인 피해는 똑같았을지라도, 조선인의 피폭은 (일본인의 그것과) 질적인 차원에서 다르다", "일본인 원폭 피해자는 침략전쟁을 자행한 국가의 국민이라는 입장을 비껴갈 수 없지만, 조선인 원폭 피해자는 아무런 전쟁책임도 없는데 원폭 지옥에까지 내던져진 완전한 피해자다", "전쟁책임이 없는 조선인 원폭 피해자야말로 우선적으로 원호받아야 한다"는 오카 마사하루 씨의 주장은 이 책의 저자인 고(故) 다카자네 야스노리 선생의 사상과 실천에서 그대로 이어진다. 오카 씨와 함께 '인권을 지키는 모임'의 사무국장을 맡아 누구보다 앞장서 열렬히 활동했고, 1994년 오카 씨의 서거 이후에는 이 모임의 대표직을 계승함과 동시에 오카 씨가 못다 이룬 '나가사키 평화자료관'의 건립을 실질적으로 완수해낸 인물이 다카자네 선생이다. 2017년 4월 하늘의 별이 되기까지 그는 평화자료관을 이끌고 떠받치며 나가사키의 양심을 비추는 등불로서 수많은 후배 평화운동가를 키워냈다.

　다카자네 선생은 1939년 서울에서 태어났다. 패전 후 일본으로 귀환했는데, 자신이 한국에서 태어난 사실과 관련한 공개적인 언급은 거의 하지 않았다. '인권을 지키는 모임'의 사무국장이자 동료였던 시바타 도시아키 씨에 따르면 "조선인의 입장에서 볼 때는 억압민족이었던 일본인이라는 자신의 태생을 부끄러워했기 때문"(나가사키 재일조선인의 인권을 지키는 모임, 『군함도에 귀를 기울이면』, 선인, 2017)이라 한다. 1939년의 서울이 일본 제국주의의 폭압 속에 신음하던 때였으니 더욱 그러했을 것이다.

그는 프랑스 문학을 전공하고 나가사키대학에 부임하여 교육자이자 학자로서의 삶을 사는 동시에, 오카 마사하루 씨 등과 더불어 재일조선인 인권운동 및 전후 보상 운동에 동참했다. 미군 점령기에 나가사키현 오무라시에 설치되어 1970년대까지 주로 강제 추방이 결정된 재일조선인과 한국인 밀항자를 장기간 구금하며 '일본의 아우슈비츠'로 불린 오무라 입국자 수용소(1950~1993)의 실태조사에 참여했다가 '인권을 지키는 모임'의 오카 대표를 만난 것이 그의 삶을 결정적으로 바꾸었다.

이후, 다카자네 선생은 오카 씨와 함께 나가사키 원폭 조선인 희생자 추도비를 건립하는가 하면, 조선인 원폭 피해 실태조사·피폭자 건강수첩 취득 및 재판 지원 등의 전후 보상 운동, 중국인 강제 연행 피해 진상 조사 및 피해자와 유족 지원, 일본군 '위안부' 피해자 및 난징대학살 피해자 문제에도 앞장서서 활동한다. 오카 씨와 함께 1925~1945년까지 20년 동안 미쓰비시가 운영한 탄광섬 하시마(군함도)에서 사망한 조선인·중국인의 기록이 담긴 '하시마 자료'(사망진단서와 화장 인허증 하부 신청서 등)을 발굴해 그 실상을 널리 알린 것도 그다. 군함도가 강제 연행의 역사를 은폐한 채 세계문화유산에 등재되는 것에 대한 비판적 활동을 이어갔음은 물론이다. 그의 활동은 지식인으로서의 단순한 연구 조사 활동이 아니었다. 실천과 행동이 우선하는 역사윤리와 인권 회복의 운동이었고, 일본의 전쟁과 가해의 책임을 철저히 물어 전후 보상을 성실히 이행하게 하려는 깨어 있는 시민으로서의 활동이었다.

이 책은 나가사키 평화자료관에서 2018년에 고인의 1주기를 기념해 발행한 『ゆるぎない歷史認識を―高實康稔さん追悼集』를 주된 원서로 삼았다. 평화자료관을 통해서만 구입할 수 있는 서적이다. 저자의 생전 글을 한데 모은 유고집은 일본에서도 출판사를 통해 정식 출간된 적이 없으니, 한국어판이 최초의 시도라 할 수 있다.

1부에서는 생전에 각종 서적과 학술지, 기관지, 언론 등 정기간행물에 수록한 논문과 짧은 글 중에서 그의 일생의 작업이라 할 수 있는 조선인·중국인 강제 연행 및 원폭 피해 문제, 전후 보상 문제, 역사윤리에 대한 저자의 깊은 고찰이 담긴 글을 수록했다. 또 원폭 피폭지인 나가사키를 여행하거나 공부하고 싶은 사람이라면 필독해야 할 나가사키의 전쟁과 원폭 기념물에 대한 비평의 글도 함께 실었다.

2부는 나가사키 평화자료관의 이사장으로서 자료관의 정기간행물인(회보)『니시자카통신』권두언에 쓴 글을 모아 엮은 것이다. 근대 일본의 아시아 침략 사상 전파자였던 요시다 쇼인과 후쿠자와 유키치 등에 대한 비판적 인물평부터 시작해, 한일조약 및 한일 정부 간의 '위안부' 문제 합의를 비판한 글, 평화자료관의 활동 및 설립 과정과 그 의의를 소개하는 글, 중국 및 한국을 방문하여 학살 피해자나 원폭, 강제 동원 피해자를 만난 내용을 소개하는 글 등 한국인 독자에게도 밀접한 주제를 다룬 글을 중심으로 선별했다.

　3부는 저자가 직접 쓴 글은 아니지만, 저자의 갑작스러운 죽음 이후 그의 삶과 실천을 누구보다 곁에서 오랫동안 함께하고 지켜봐온 지인과 동료들이 고인을 추모하며 쓴 글로 이루어져 있다. 이 추모의 글을 통해 저자의 삶과 그의 진가를 더욱 풍성하게 접할 수 있을 것이다.

　마지막으로 4부 부록에는 저자의 연보 및 저작 목록을 실었다. 또 저자의 삶에서 마지막으로 가장 애정을 바치고 헌신했던 장소이자, 그의 삶과 운동이 최종 집약된 결실이라 할 수 있는 '나가사키 평화자료관'의 설립 취지문도 함께 실었다. 나가사키는 물론이고 일본 전역에서도 흔하지 않은 이 평화자료관의 존재를 통해 한국인 독자도 한일 시민의 연대와 우정·평화·교류에 대한 희망과 실마리를 찾을 수 있을 것이다.

　이 책이 전하고자 하는 핵심 메시지는 결국 역사에 책임을 지는 윤리 의식, 곧 인간의 길에 대한 촉구이다. 전쟁과 가해의 역사에 대한 일차적 책임은, 물론 일본 정부와 전범 기업에 있다 할지라도, 민중 한 사람 한 사람이 역사를 반성하며 현재와 미래를 어떻게 살고 만들어갈 것인가에 책임을 지는 '역사윤리'의 필요성을 저자는 반복적으로 강조한다. 저자는 주로 일본인 독자를 대상으로 글을 쓰고 발언했지만, 일본뿐 아니라 한국의 독자 역시 이 책을 읽고 난 후 우리의 과거와 현재, 미래를 물으며 앞으로의 삶을 생각하게 하는 계기가 될 수도 있을 것이다. 과거의 침략과 가해의 역사를 반성하기는커녕 침략의 시대를 긍정하며 역행하는 일본 정부의 우려되는 행보 속에서도, 다카자네 야스노리 선생과 같이 반세기 넘도록 역사적 반성을 관철하며 전후 보상 운동에 힘써온 일본의 시민이 있다는 사실을 속내 깊은 한국의 독자들이 알아주기 바란다.

다카자네 선생은 일흔이 훌쩍 넘어서도 자료관 대청소에 빠지지 않았다. 중국과 독일, 한국 등 해외 방문 조사에서도 강행군으로 내달렸다. 모든 행사와 모든 활동에 있어서 그는 단순 참가자가 아니라 늘 앞서서 움직이고 준비하고 실천했다. 자료관을 찾아오는 수많은 시민과 학생, 연구자, 언론의 취재와 견학 안내를 비롯하여 복잡한 시민운동의 현장에서 갖은 역할을 도맡아 하느라 일 년 내내 쉴 틈이 없었다. 건강과 체력이 점차 쇠약해지던 2010년 이후에도 선생은 늘 습관처럼 "살아 있는 동안은 일할 수 있을 때 힘닿는 데까지 나의 할 일을 하는 것이 사명"이라고 말했다.

일본어판 추도집에는 한국과 중국, 미국, 독일 등에서 보내온 추모의 글도 다수 실려 있다. 지면 사정상 이 글을 한국어판에서 다 소개하지 못했지만, 다카자네 선생이 일본과 나가사키에서만이 아니라, 한국과 중국 등 아시아 각국과 해외 여러 나라 시민에게서도 깊은 신뢰와 존경, 사랑을 받았던 인물이라는 증거다.

본서에 미진한 점이 있다면, 그것은 전적으로 옮긴이의 실력과 정성 부족 탓일 것이다. 혹시라도 지혜로운 독자 여러분에게 질책받을 부분이 있다면 그것은 모두 옮긴이를 향해주시길 바란다.

근현대사를 다루는 책, 그중에서도 일제강점기의 강제 동원 및 원폭 피해자 문제를 주제로 하는 책을 독자 앞에 내놓는 일이 쉬운 결단은 아니다. 이 위험한 도전에 선뜻 손을 내밀어주신 '삶창'의 황규관 대표님께 진심으로 감사드린다. 미흡했던 초기 번역 원고를 꼼꼼하게 검토하여 퇴고 작업의 방향을 잡아주신 대표님과 편집자의 노고에 다시 한번 고개를 조아린다. 훌륭한 출판사와 편집자를 만날 수 있도록 징검다리를 놓아준 김영환 민족문제연구소 대외협력실장님에게도 감사를 전한다.

책의 한국어판 출판을 기뻐하며 모든 과정이 순조롭게 진행될 수 있도록 도와주신 유족 다카자네 아야코 님과 나가사키 평화자료관의 소노다 나오히로 전 이사장님(2017~2020년 재임), 신카이 도모히로 부이사장님을 비롯한 관계자분들, 일본어 원서를 현지에서 직접 구매하여 보내주신 연구자 박수경 선생님, 추천사를 써주신 '재일조선인' 평화·인권운동가 서승 선생님, 추모의 글을 수록할 수 있도록 허락해주신 야마카와, 사카모토, 히라노, 다카하시, 허광무 등 나가사키와 한국의 멋진 선생님들께도 감사 인사를 전한다. 특별히, 평화자료관의 소노다 전 이사장님과 신카이 부이사장님은 번역 작업을 진행하는 과정에서 발생한 옮긴이의 수많은 질문에도 빠짐없이 정성스럽게 답변을 보내주셨다.

끝으로, 책이 나올 수 있도록 크라우드펀딩을 통해 후원해주신 후원자들께 온 마음을 다하여 감사드린다. 이 어려운 시대에 과연 책이 나올 수 있을까 자포자기하고 싶었을 무렵, 후원자들이 있어 포기하지 않고 책을 만들 수 있었다. 책이 나오면 꼭 구입해서 읽어보겠다고 말씀해주신 분들께도 감사드린다.

많은 독자 여러분이 이 책을 읽고 '오카 마사하루 기념 나가사키 평화자료관'에 관심을 갖고 찾아주시길 바란다. 당장은 국경을 자유롭게 넘나들 수 없지만, 마음으로나마 응원하고 연대하며 언젠가 다시 오갈 수 있게 되기를…. 올해로 설립 26주년을 맞이하는 이 자료관을, 이제는 '오카 마사하루 및 다카자네 야스노리의 뜻을 계승하는' 평화자료관이라고 불러도 좋을 것이다. 그곳에 다카자네 선생이 있었기에 나가사키의 평화운동은 한층 빛났다. 그곳에 다카자네 선생이 있었기에 나가사키가 더욱 아름다웠노라 고백하고 싶다.

다카자네 아야코 高實絢子

"최고의 간호사는 아내입니다."

입원을 하지 않으면 목숨을 보장할 수 없다는 주치의의 권유를 이처럼 딱 잘라 거절한 적도 있습니다. 평상시에는 온후한 성품이던 남편이 가끔씩 보여준 단호한 결의를 친구인 여러분도 아마 다양한 순간에 마주했을 것입니다.

"아직 죽을 수 없어, 해야 할 일이 많아."

손발이 마른나무처럼 변한 마지막 순간까지도 남편은 그렇게 말했습니다.

1주기를 맞이하며 이렇게 한 권의 책이 나온 것, 그리고 친구 여러분의 변함없는 활약을 지켜보며 야스노리 씨는 분명히 기뻐하고 있을 것입니다.

남편이 숨을 거두자 저는 자녀들과 상의하여 무종교적인 방식으로 가족장을 치르기로 했습니다. 세상에서는 대학교수이자 평화활동가, 시민운동가였지만, 마지막 시간만큼은 남편이자, 아버지로서 보내주고 싶었기 때문입니다. 낚시를 좋아했던 탓에 낚시 도구를 잔뜩 챙겨서 아이들을 데리고 버스로 이동했던 일. 돌아오는 버스 안에서 아이를 한 명 두고 내린 일. 대학 시험에 낙마한 아들에게 "입학금을 내지 않아도 되니 잘됐다!"며, 진심인지 위로의 말인지 알 수 없는 말을 했던 일. 어린 손자에게도 존댓말로 말을 거는 탓에 손자도 긴장해서 서로의 대화가 좀처럼 활기를 띠지 못했던 일. 남편이자 아버지로서의 야스노리 씨는 서투르고 꼿꼿한 사람이었습니다. 남편과 함께한 53년의 추억은 제 마음에 겹겹이 포개져 쌓여 있습니다.

남편이 죽은 그해 여름, 저희 집 현관에 놓아둔 커피나무에 순백의 꽃이 듬뿍 피었습니다. 재스민 같은 작은 꽃들이 커피를 좋아했던 남편을 대신해 저에게 말을 걸어오는 것 같았습니다. "인간답게 살아주세요. 사람을 위해서. 그리고 당신 자신을 위해서"라고.

친애하는 여러분과 남편이 함께 엮어온 세월은 신뢰라는 끈으로 이어져 있었습니다. 국적, 성별, 나이가 달라도 평화를 희구하며, 만물을 다정하게 배려하는 마음이 이어져, 남편에게 용기를 주신 것에 그저 감사할 따름입니다. 정말 감사합니다.

흔들림 없는 역사 인식

초판 1쇄 발행 2021년 10월 29일

지은이 다카자네 야스노리
옮긴이 전은옥
펴낸이 황규관

펴낸곳 (주)삶창
출판등록 2010년 11월 30일 제2010-000168호
주소 04149 서울시 마포구 대흥로 84-6, 302호
전화 02-848-3097
팩스 02-848-3094
전자우편 samchang06@samchang.or.kr

종이 대현지류
인쇄제책 스크린그래픽

한국어판 ⓒ (주)삶창, 2021
ISBN 978-89-6655-139-2 03910